Thich Nhat Hanh

Entdecke den Schatz in deinem Herzen

Thich Nhat Hanh
Entdecke den Schatz in deinem Herzen

Geschichten und Übungen zur Achtsamkeit für Kinder

Ins Deutsche übertragen von Ursula Richard

Mit Illustrationen von Brigitte Smith

Kösel

Titel der Originalausgabe:
»A Pebble for Your Pocket: Mindful Stories and Practices for Children and Grown-ups«
Published by Plum Blossom Books/Parallax Press, Berkeley/Kalifornien

Verlagsgruppe Random House FSC-DEU-0100
Das für dieses Buch verwendete FSC®-zertifizierte Papier *Hello Fat Matt*
liefert Condat, Le Lardin Saint-Lazare, Frankreich.

Umschlag: Sabine Fuchs, München
Umschlagmotiv: plainpicture/Lonely_Planet
Illustrationen: Brigitte Smith
Druck und Bindung: Kösel, Krugzell
Printed in Germany
ISBN 978-3-466-30903-0

Weitere Informationen zu diesem Buch und unserem gesamten
lieferbaren Programm finden Sie unter
www.koesel.de

Inhalt

Übungen 77

Überall im Kosmos gibt es kostbare Edelsteine,
und sie sind auch in jedem von uns.

Ich möchte dir eine Handvoll davon schenken,
lieber Freund.

Ja, heute Morgen möchte ich dir eine Handvoll
schenken, eine Handvoll Diamanten,
funkelnd von morgens bis abends.

Jede Minute unseres täglichen Lebens ist ein Diamant,
der den Himmel und die Erde enthält,
den Sonnenschein und den Fluss.

Thich Nhat Hanh

Einführung

Als ich neun Jahre alt war, sah ich auf dem Umschlag einer Zeitschrift ein Bild des Buddha, wie er friedvoll im Gras sitzt. Und sofort wusste ich, dass ich ebenso friedvoll und glücklich sein wollte. Zwei Jahre später saß ich mit anderen Jungen zu fünft beisammen und wir sprachen darüber, was wir später einmal werden wollten. Wir erforschten viele verschiedene Gebiete; einer der Jungen sagte, er wolle Arzt werden, ein anderer wollte Ingenieur werden und so weiter. Doch nach einer Weile hatten wir das Gefuhl, dass nichts uns wirklich zusagte.

Dann sagte mein Bruder Nho: »Ich möchte Mönch werden.« Das war eine ganz neue Idee, doch ich wusste, dass auch ich Mönch werden wollte. Zum Teil wegen des Bildes auf der Zeitschrift.

Ein Junge sagte: »Warum werden wir nicht alle Mönche?« Es war ein Gespräch unter Kindern, doch tatsächlich wurden wir alle fünf Mönche. Einer wurde katholischer Mönch und wir anderen vier wurden buddhistische Mönche. Und heute sind noch immer drei von uns Mönche.

Der Same, Mönch zu werden, war nach unserem Gespräch tief in mich eingepflanzt worden. Ich wollte wirklich Mönch werden, doch wusste ich, dass es schwer für meine Eltern sein würde, das zu akzeptieren, denn das Leben eines Mönchs ist sehr schlicht und sie wollten, dass ihre Kinder die angenehmen Dinge des Lebens genießen sollten. Mir war klar, dass ich sie sorgsam und vorsichtig darauf vorbereiten musste.

Ich führte Tagebuch und von Zeit zu Zeit schrieb ich darin von meinem Wunsch, Mönch zu werden. Eines Tages bat ich meine Mutter, meinem Vater das Tagebuch vorzulesen, damit sie sich an die Idee gewöhnen könnten. Es war zu schwierig für mich, es ihnen direkt zu sagen. Doch auf diese Weise, langsam und Schritt für Schritt, gewann ich die Zustimmung meiner Eltern, und sie erlaubten mir, in den Tempel zu gehen. Mit sechzehn Jahren wurde ich Novize.

Als Mönch verbringe ich viel Zeit damit, dem gegenwärtigen Moment meine Aufmerksamkeit zu schenken. Und auf diese Weise kann jeder leben, ob du nun ein Mönch oder eine Nonne bist oder nicht. Diese Aufmerksamkeit nennt man »Achtsamkeit«. Und um diese Aufmerksamkeit oder Achtsamkeit drehen sich alle Geschichten in diesem Buch.

Es kann kein Glück und keinen Frieden geben ohne Achtsamkeit. Achtsamkeit bedeutet, sich immer wieder daran zu erinnern, zum gegenwärtigen Moment zurückzukehren. Alles, was wir suchen, ist genau hier im gegenwärtigen Moment. Erlauben wir uns, im gegenwärtigen Moment zu sein, dann können wir all die wunderbaren Dinge in uns und um uns herum berühren. Doch erlauben wir uns nicht, im gegenwärtigen Moment zu sein, dann werden wir immer rennen und kämpfen.

Achtsamkeit hilft uns, glücklicher zu leben und die Schönheit der Dinge tiefer zu empfinden. Betrachtest du achtsam den Mond, erscheint er dir sehr viel schöner. Umarmst du achtsam einen anderen Menschen, dann ist er sehr viel wirklicher und wunderbarer für dich. Du kannst still zu dir sagen:

Ich atme ein und spüre, wie lebendig du
in meinen Armen bist.

Ich atme aus und bin so glücklich.

Ohne Achtsamkeit bist du nicht wirklich lebendig. Bist du aber achtsam, erscheint alles, was du tust, strahlender, schoner. Betrachtest du achtsam eine Blume, enthüllt sie dir ihre Schönheit. Übst du Achtsamkeit, kannst du glücklich sein und dich an dem erfreuen, was der Moment dir bringt, sowohl an all den wundervollen Dingen in dir – deine Augen, dein Herz, deine Lungen – als auch an all den wundervollen Dingen außerhalb – Sonnenschein, Menschen, Vögel, Bäume. Übst du Achtsamkeit, wirst du herausfinden, dass du weit mehr Gründe hast, glücklich zu sein, als du dir bisher vorstellen konntest.

Achtsamkeit hilft uns auch dabei, unseren Kummer zu heilen. Kommt der Kummer mit Achtsamkeit in Berührung, wird er sich langsam auflösen. Trägst du ihn mit dir herum, ohne um ihn zu wissen, dann wird er dich lange begleiten. Doch bist du dir des Kummers bewusst und umarmst du ihn mit deiner Achtsamkeit, dann wird er sich verwandeln.

Fühlst du Kummer und Schmerz, dann kannst du die Achtsamkeit nutzen, um ihn zärtlich zu halten, so wie eine Mutter ihr weinendes

Kind in den Arm nimmt, um es zu beruhigen. Der Schmerz wird sich verwandeln, wenn du ihn auf diese Weise umarmst. Ein weinendes Kind sollte nie allein gelassen werden, dein Schmerz und Kummer auch nicht.

Am frühen Morgen sind die Blütenknospen noch geschlossen, doch wenn die Sonne dann scheint, dringen winzige Sonnenscheinteilchen in die Knospen ein und schon bald kannst du deren Verwandlung sehen. Jede Blüte öffnet sich und zeigt sich der Sonne. Mit unserem Leiden ist es genauso; wenn wir es dem Licht der Achtsamkeit aussetzen, wird es sich wandeln.

Geschichten

Wer ist der Buddha?

Vor einigen Jahren besuchte ich in Indien einen Ort namens Uruvela. Zweitausendsechshundert Jahre früher lebte in der Nähe dieses Ortes ein Mann namens Siddhartha. Siddhartha ist der Mann, der später als Buddha bekannt wurde.

Die Ortschaft Uruvela ist noch immer so, wie sie zu den Zeiten des Buddha war. Es gibt keine großen Gebäude, keine Supermärkte, keine breiten Straßen. Es ist sehr angenehm dort. Auch die Kinder haben sich nicht verändert. Als Siddhartha hier lebte, freundete er sich mit einigen Kindern aus dem Dorf an; sie brachten ihm Essen und kleine, einfache Geschenke.

Ein Fluss fließt ganz nahe am Dorf vorbei. Dort hat Siddhartha meist gebadet. Gras, das Kusha-Gras genannt wird, wächst immer noch an den Flussufern. Es ist dasselbe Gras, das der Buddha von einem der Kinder bekam, um sich daraus ein Kissen zum Sitzen machen zu können. Ich ging bei meinem Besuch dort an diesem Fluss entlang und schnitt etwas von dem Kusha-Gras ab und nahm es mit nach Hause.

Auf der anderen Flussseite ist ein Wald. In diesem Wald saß Siddharta unter einem Baum, genannt Bodhibaum, in Meditation. Unter diesem Baum wurde er zum Buddha.

Ein Buddha ist jemand, der wach ist, der erwacht ist – eine Person, die sich all dessen bewusst ist, was in ihr und um sie herum geschieht, und die tief versteht und liebt. Siddhartha wurde ein vollkommen erwachtes Wesen, ein Buddha. Diesen Buddha haben wir als unseren

Lehrer angenommen. Er hat gesagt, dass wir alle Samen des Erwachens in uns tragen und wir alle werdende Buddhas sind.

Ein Schüler von mir hatte als Kind sehr mit der Frage »Wer ist der Buddha?« gerungen. Sein Name war Hu, und dies ist seine Geschichte.

Als Hu sechs oder sieben Jahre alt war, fragte er seinen Vater und seine Mutter, ob er Mönch werden dürfe. Er liebte es, in den buddhistischen Tempel zu gehen. Mit seinen Eltern ging er meist an Neumond- und Vollmondtagen dorthin, um dem Buddha Blumen, Bananen, Mangos und andere exotische Früchte darzubringen.

Hu fühlte sich im Tempel stets freundlich behandelt. Die Menschen, die den Tempel aufsuchten, schienen entspannter und freundlicher zu sein als die Menschen anderswo. Hu merkte auch, dass der leitende Mönch ihn mochte. Jedes Mal bekam Hu eine Banane oder eine Mango. Darum ging Hu so gern in den Tempel.

Eines Tages sagte er: »Mama, ich möchte Mönch werden und im Tempel leben.« Ich glaube, er wollte Mönch werden, weil er so gern Bananen aß. Das kann man ihm nicht übelnehmen. In Vietnam gibt es Bananensorten, die wirklich sehr köstlich schmecken. Obwohl er noch so jung war, entschieden seine Eltern, ihn als Novize im Tempel leben zu lassen. Der leitende Mönch gab Hu eine kleine braune Robe. In seiner hübschen neuen Robe muss er wie ein Baby-Mönch ausgesehen haben.

Hu glaubte als junger Mönch zunächst, dass der Buddha Bananen, Mangos und Mandarinen sehr mochte, denn die Menschen brachten bei jedem Tempelbesuch Bananen, Mangos, Mandarinen und andere Früchte mit und legten sie vor den Buddha. Für Hu konnte das nur Eines bedeuten: Der Buddha mochte diese Früchte sehr.

Eines Abends wartete er im Tempel, bis alle Besucher gegangen waren. Ganz still stand er neben dem Eingang zur Buddha-Halle. Er versicherte sich, dass niemand in seiner Nähe war. Dann schlich er hinein. Die Buddha-Statue war so groß wie ein Mensch. Für Hu war diese Statue der Buddha.

Hu stellte sich vor, dass der Buddha, der den ganzen Tag lang ganz still dasaß, sich, wenn die Halle leer war, eine Banane nehmen würde. Er wartete und wartete in der Hoffnung, beobachten zu können, wie der Buddha sich eine Banane von dem Stapel vor ihm nehmen würde. Lange Zeit wartete er, doch er sah den Buddha nicht nach einer Banane greifen. Er war verblüfft und konnte nicht verstehen, warum der Buddha keine der Bananen aß, die die Leute ihm brachten.

Hu wagte nicht, den leitenden Mönch zu fragen, denn er fürchtete, dieser würde ihn für dumm halten. Tatsächlich geht es uns auch oft so. Wir trauen uns nicht, Fragen zu stellen, aus Angst, dass man uns als dumm bezeichnet. So ging es auch Hu. Und weil er sich nicht zu fragen traute, war er verwirrt. Ich glaube, ich hätte jemanden gefragt. Doch Hu tat es nicht.

Als er älter wurde, erkannte er eines Tages, dass die Buddha-Statue nicht der Buddha ist. Welch wichtige Erkenntnis!

Diese Erkenntnis machte ihn glücklich. Doch sie führte zu einer neuen Frage: »Wenn der Buddha nicht hier ist, wo ist er dann? Wenn der Buddha nicht im Tempel ist, wo ist er?« Jeden Tag sah er, wie sich die Leute im Tempel vor der Statue des Buddha verbeugten. Doch wo war der Buddha?

In Vietnam glauben Menschen, die dem Reinen-Land-Buddhismus folgen, dass der Buddha im Reinen Land im Westen lebt. Eines Tages hörte Hu, wie jemand sagte, das Reine Land sei die Heimat der Buddhas. Das ließ ihn glauben, der Buddha sei im Reinen Land, und diese Vorstellung machte ihn sehr unglücklich. Warum, so überlegte er, hatte sich der Buddha entschieden, so weit von den Menschen entfernt zu leben? Aus dem Gehörten hatte sich für ihn eine neue Frage ergeben.

Ich traf Hu, als er vierzehn war, und er dachte immer noch darüber nach. Ich habe ihm erklärt, dass der Buddha nicht weit von uns entfernt ist. Ich sagte ihm, dass der Buddha in jedem von uns ist. Ein Buddha sein bedeutet, in jedem Moment zu wissen, was in uns und außerhalb von uns geschieht. Buddha ist Liebe und Verstehen und beides tragen wir in unserem Herzen. Das zu hören machte Hu sehr glücklich.

Als Erwachsener wurde Hu Direktor der Schule für Sozialarbeit in Vietnam. Er bildete junge Nonnen und Mönche, junge Männer und Frauen darin aus, die Dörfer wieder aufzubauen, die während des Vietnamkrieges bombardiert worden waren.

Überall, wo du Liebe und Verstehen am Werk siehst, da ist der Buddha. Jeder kann ein Buddha sein. Stell dir nicht vor, der Buddha sei eine Statue oder jemand mit einem kunstvollen Heiligenschein um den Kopf oder jemand, der eine Mönchsrobe trägt. Ein Buddha ist eine Person, der bewusst ist, was in ihr und um sie herum geschieht, und die großes Verständnis und viel Mitgefühl hat. Ob ein Buddha nun ein Mann oder eine Frau, jung oder nicht so jung ist: Ein Buddha ist immer sehr angenehm und sehr frisch.

Die vielen Arme eines Bodhisattva

Nach meiner Erfahrung sind Buddhas und Bodhisattvas hier bei uns, in unserer Mitte. Ein Bodhisattva (man spricht das Wort Bo-di-*sat*-wa aus) ist ein mitfühlender Mensch, jemand, der sich sehr darum kümmert, anderen Wesen zu helfen – jemand, der gelobt, ein Buddha zu werden.

Bodhisattvas werden als Statuen oder auf Bildern manchmal als Wesen mit vielen Armen gezeigt. Sie werden so dargestellt, weil Bodhisattvas tausend Dinge zur gleichen Zeit tun können. Die Arme eines Bodhi-sattvas können auch sehr, sehr lang sein, sehr weit reichen und Menschen in weit entfernten Ländern helfen. Mit nur zwei Armen können wir nur ein oder zwei Dinge auf einmal erledigen. Doch als Bodhisattva hast du viele Arme und kannst viele Dinge zur gleichen Zeit tun. Die meiste Zeit sehen wir nicht alle Arme eines Bodhisattva. Man muss sehr aufmerk-sam sein, um die vielen Arme eines Bodhisattva sehen zu können.

Vielleicht kennst du bereits einen Bodhisattva. Das ist durchaus möglich! Deine Mutter zum Beispiel könnte eine Bodhisattva sein. Sie tut viele Dinge zur gleichen Zeit. Sie braucht einen Arm zum Kochen, nicht wahr? Und zur selben Zeit passt sie auf dich und deine Brüder und Schwestern auf – sie braucht also einen zweiten Arm. Und gleichzeitig muss sie Besorgungen machen, einkaufen. Sie braucht also einen dritten Arm. Und die vielen anderen Dinge, die sie noch tut, erfordern weitere Arme – sie hat vielleicht einen Beruf oder arbeitet ehrenamtlich an dei-ner Schule. Deine Mutter könnte also eine Bodhisattva sein. Das Gleiche gilt für deinen Vater. Schau dir deine Mutter und deinen Vater genau an, und du wirst sehen, dass sie mehr als zwei Arme haben.

Glaube nicht, Buddhas und Bodhisattvas seien Wesen, die im Himmel existieren. Sie sind hier bei uns. Auch du kannst ein oder eine Bodhisattva sein, wenn du an andere denkst und Dinge tust, die sie glücklich machen.

Bist du wach, bist du ganz da im gegenwärtigen Moment, im Hier und Jetzt, bist auch du ein Buddha. Der einzige Unterschied zwischen dir und dem Buddha ist, dass er ein Vollzeit-Buddha ist und du nur ein Teilzeit-Buddha bist. Du solltest also so leben, dass der Baby-Buddha in dir die Chance hat, zu wachsen. Dann wird der Baby-Buddha Licht in alle Zellen deines Körpers senden, und du wirst beginnen, dieses Licht deinerseits auszustrahlen.

Der Einsiedler und die Quelle

Ich möchte dir gern von meiner Begegnung mit dem Buddha in mir erzählen. Das war, als ich ein Kind war wie du. Ich lebte zu jener Zeit in Nordvietnam in der Provinz Thanh Hoa. Mit neun Jahren sah ich eines Tages auf dem Titelblatt einer Zeitschrift eine Schwarzweiß-Zeichnung vom Buddha. Er saß im Gras, so wunderschön saß er da, und sah sehr friedvoll und glücklich aus. Sein Gesichtsausdruck war entspannt und ruhig und ein leichtes Lächeln lag in seinen Zügen. Ich betrachtete das Bild des Buddha, und auch ich fühlte mich auf einmal sehr friedvoll.

Schon als kleiner Junge hatte ich gemerkt, dass die Menschen in meiner Umgebung gewöhnlich nicht so ruhig und friedvoll waren. Als ich den Buddha sah, wie er so friedvoll und glücklich im Gras saß, da wollte ich werden wie er. Obwohl ich nichts vom Buddha oder seinem Leben wusste – als ich dieses Bild erblickte, liebte ich ihn. Ich verspürte danach den starken Wunsch, jemand zu werden, der so schön und friedvoll dasitzen konnte wie er.

Eines Tages, ich war damals elf, verkündete mein Lehrer in der Schule, dass wir auf der Spitze des Na-Son-Berges ein Picknick machen würden. Ich war noch nie dort gewesen. Der Lehrer erzählte uns, dass dort auf dem Berggipfel ein Einsiedler lebte. Er erklärte uns, dass ein Einsiedler jemand sei, der allein lebte und Tag und Nacht übte, um wie

Buddha zu werden. Wie faszinierend! Noch nie hatte ich einen Einsiedler gesehen, und die Aussicht, den Berg hinaufzuklettern und ihn dort zu treffen, versetzte mich in Aufregung.

Am Tag vor unserem Ausflug bereiteten wir das Essen vor, das wir auf unser Picknick mitnehmen wollten. Wir kochten Reis, rollten ihn zu Bällchen zusammen und wickelten die Bällchen in Bananenblätter ein. Wir mischten Sesamkörner, Erdnüsse und Salz, um den Reis dort hineinzutunken. Du hast vielleicht noch nie ein Reisbällchen gegessen, das in Sesamkörner, Erdnüsse und Salz getunkt wurde; ich kann dir sagen, das schmeckt köstlich. Wir kochten auch Wasser zum Trinken ab, denn man konnte das Wasser nicht direkt aus dem Fluss trinken, das war zu gefährlich. Frisches Trinkwasser zu haben ist auch etwas Wundervolles.

Wir waren schließlich hundertfünfzig Schüler aus meiner Schule, die sich auf den Weg machten. Wir teilten uns in Gruppen zu fünft auf. Unsere Picknicksachen hatten wir bei uns, und wir wanderten eine lange Zeit. Es waren sechzehn Kilometer bis zum Fuß des Berges. Von dort aus begannen wir den Aufstieg.

Entlang des Weges waren viele schöne Bäume und Felsen. Doch wir hatten nicht viel Freude daran, weil wir so begierig darauf waren, den Gipfel zu erreichen. Meine Freunde und ich kletterten, so schnell wir konnten – wir rannten praktisch den Berg hoch. Als Kind wusste ich noch nichts über die Freuden der Gehmeditation, wie ich es heute tue – nicht eilen, sondern jeden Schritt, die Blumen, die Bäume, den blauen Himmel und die Gesellschaft der Freundinnen und Freunde genießen.

Als wir den Gipfel schließlich erreichten, waren wir völlig erschöpft. Unterwegs hatten wir all unser Wasser bis auf den letzten Tropfen getrunken. Ich war nun ganz begierig darauf, den Einsiedler zu finden. Wir entdeckten seine Hütte aus Bambus und Stroh. Im Inneren sahen wir eine kleine Bambusliege und einen Bambusaltar, doch es war niemand da. Welche Enttäuschung! Ich vermutete, dass der Einsiedler den Lärm der vielen Jungen, die den Berg hinaufkletterten, gehört haben musste, und da er kein Gerede und keinen Lärm mochte, hatte er sich irgendwo versteckt.

Es war Essenszeit, doch ich hatte kein Interesse, etwas zu essen, weil ich müde und enttäuscht war. Ich dachte mir, dass ich den Einsiedler möglicherweise im Wald antreffen könnte. Als Kind hatte ich viel Hoffnung – alles erschien mir möglich.

Ich verließ also meine Freunde und stieg weiter den Berg hinauf. Im Wald hörte ich das Geräusch tropfenden Wassers. Du hast es vielleicht auch schon einmal gehört. Es ist wie der Klang eines Windspiels oder eines Klaviers, dessen Tasten leicht angeschlagen werden – sehr klar und leicht, wie Kristall. Es war so einladend und friedvoll, dass ich in Richtung dieses lieblichen Klangs weiterkletterte, wobei mich auch mein großer Durst dorthin trieb.

Nach kurzer Zeit kam ich zu einer Quelle. Ich wusste, dass Quellwasser tief aus dem Inneren der Erde kommt. Ein natürlicher Brunnen aus großen, vielfarbigen Steinen umgab die Quelle und bildete einen kleinen Teich. Das Wasser stand sehr hoch und war so klar, dass ich ganz bis auf den Grund sehen konnte. Es sah so frisch und einladend aus, dass ich mich hinkniete, es mit meinen Händen schöpfte und trank. Du kannst dir mein Glück nicht vorstellen. Das Wasser schmeckte so wundervoll süß. Es war so köstlich, so erfrischend! Ich fühlte mich ganz und gar zufrieden. Da war nichts mehr, was ich wollte – selbst der Wunsch, dem Einsiedler zu begegnen, war weg. Es ist das wunderbarste Gefühl, ein Gefühl der Glückseligkeit, wenn du nichts mehr willst oder dir wünschst.

Plötzlich kam es mir vor, als ob ich den Einsiedler vielleicht doch getroffen hatte. Ich stellte mir vor, dass er über magische Kräfte verfügte und sich in die Quelle verwandelt hatte, damit ich ihn treffen konnte, und dass ihm etwas an mir lag. Das machte mich glücklich.

Ich legte mich neben die Quelle auf den Boden und sah in den Himmel hinauf. Ich sah den Ast eines Baumes, der sich gegen den blauen Himmel abhob. Ich war tief entspannt und schlief bald ein. Wie lange ich schlief, weiß ich nicht, vielleicht waren es nur drei oder vier Minuten. Als ich wach wurde, wusste ich zunächst nicht, wo ich war. Dann, als ich den Ast des Baumes sah, den blauen Himmel und den wunderbaren Brunnen, da erinnerte ich mich an alles.

Es war Zeit für mich, zu den anderen Jungen zurückzukehren, bevor sie sich Sorgen um mich machen würden. Ich verabschiedete mich von der Quelle und machte mich auf den Rückweg. Als ich aus dem Wald herauskam, formte sich in meinem Herzen ein Satz. Es war wie ein Gedicht aus nur einer Zeile: »Ich habe das köstlichste Wasser der Welt geschmeckt!« An diese Worte werde ich mich immer erinnern.

Meine Freunde waren froh, mich zu sehen. Sie lachten und redeten laut, aber mir war nicht nach Reden zumute. Ich war noch nicht bereit, ihnen von meiner Erfahrung mit dem Einsiedler und der Quelle zu erzählen. Es war etwas sehr Kostbares und Heiliges geschehen, und ich wollte es für mich behalten. Ich setzte mich auf den Boden und aß von den mitgebrachten Speisen. Der Reis und die Sesamkörner schmeckten so gut. Ich fühlte mich ruhig, glücklich und friedvoll.

Ich traf den Einsiedler in Form einer Quelle. Das Bild der Quelle und das Geräusch des tropfenden Wassers sind auch heute noch lebendig in mir. Auch du hast vielleicht deinen Einsiedler schon getroffen, möglicherweise nicht als Quelle, sondern als etwas ähnlich Schönes. Vielleicht war es ein Felsen, ein Baum, ein Stern oder ein wunderschöner Sonnenuntergang. Der Einsiedler, das ist der Buddha in dir.

Vielleicht bist du deinem Einsiedler auch bisher noch nicht begegnet, doch wenn du genau hinschaust, wird sich dir dein Einsiedler zeigen. Ich habe Kinder gebeten, mir zu schreiben, wenn sie ihrem Einsiedler begegnet sind, und einige haben es getan. Es beglückt mich jedes Mal, die Geschichten ihrer Begegnung mit ihrem Einsiedler zu lesen. Der Einsiedler ist in dir. Tatsächlich sind all die wundervollen Dinge, nach denen du Ausschau hältst – Glück, Frieden und Freude – in dir zu finden. Du brauchst nicht anderswo nach ihnen zu suchen.

Gegenwärtiger Moment, wundervoller Moment

»Das Leben ist nur im Hier und Jetzt verfügbar.«

Das ist eine sehr einfache, aber auch sehr tiefgründige Lehre des Buddha. Wenn jemand uns fragt: »Ist der beste Moment deines Lebens schon gekommen?«, werden vermutlich viele sagen, dass der beste Moment noch nicht gekommen ist. Wir alle neigen zu dem Glauben, der beste Moment unseres Lebens sei noch nicht gekommen, er käme aber sicher bald.

Doch wenn wir immer weiter so leben und darauf warten, dass der beste Moment kommt, wird er nie eintreffen.

Du glaubst vielleicht, dein Glück sei irgendwo anders, dort drüben möglicherweise oder in der Zukunft, doch tatsächlich kannst du das Glück genau jetzt berühren.

Du bist lebendig. Du kannst deine Augen öffnen, den Sonnenschein sehen, die schönen Farben am Himmel, die wundervolle Natur, deine Freundinnen und Freunde, deine Familie.

Dies ist der beste Augenblick deines Lebens!

Der Heute-Tag

Wir kennen viele spezielle Tage. Es gibt einen besonderen Tag, um unsere Mutter zu feiern. Das ist der Muttertag. Es gibt einen besonderen Tag, um an unseren Vater zu denken. Den nennen wir Vatertag. Es gibt einen Neujahrstag, einen Tag der Arbeit, einen Tag der Erde, einen Tag des Kindes und so weiter. Einmal sagte ein junger Besucher in Plum Village, dem Zentrum in Frankreich, in dem ich lebe: »Warum erklären wir nicht heute zum Heute-Tag?« Und alle Kinder stimmten zu, dass wir das Heute feiern und es den Heute-Tag nennen sollten.

An diesem Tag, dem Heute-Tag, denken wir nicht an gestern und nicht an morgen, wir denken nur an heute. Der Heute-Tag ist immer dann, wenn wir glücklich im gegenwärtigen Moment leben. Essen wir, so wissen wir, dass wir essen. Trinken wir Wasser, dann wissen wir, dass es Wasser ist, was wir trinken. Gehen wir, so genießen wir jeden einzelnen Schritt. Spielen wir, dann sind wir wirklich ganz bei unserem Spiel.

Heute ist ein wundervoller Tag. Heute ist der wundervollste Tag. Das bedeutet nicht, dass es gestern nicht auch wundervoll war. Doch gestern ist bereits vorbei. Es bedeutet nicht, dass es morgen nicht auch wundervoll sein wird. Aber wir haben noch nicht morgen. Heute ist der einzige Tag, der uns zur Verfügung steht und um den wir uns gut kümmern können. Darum ist das Heute so wichtig – es ist der wichtigste Tag in unserem Leben.

Entscheide dich also jeden Tag beim Aufwachen dafür, aus diesem Tag den wichtigsten Tag deines Lebens zu machen. Setz dich oder lege dich, bevor du zur Schule losgehst, noch einmal für ein paar Minuten hin und atme langsam ein und aus und genieße dein Einatmen und

Ausatmen und lächle dabei. Du bist zufrieden. Du fühlst dich ganz friedvoll. Dies ist eine wunderbare Art, den Tag zu beginnen.

Bewahre dir das während des ganzen Tages; erinnere dich immer wieder daran, zum Atem zurückzukehren und andere Menschen liebevoll anzuschauen, zu lächeln und glücklich über das Geschenk des Lebens zu sein. Wenn du dann sagst: »Einen schönen Tag noch!«, ist das nicht nur dahingesagt, es ist etwas, das wir nicht bloß wünschen, sondern tatsächlich üben.

Unser Essen genießen

Beim Essen denken wir oft an andere Dinge und wissen gar nicht wirklich, was wir essen. Es kann aber sehr viel Vergnügen machen zu wissen, was man isst. Jeden Tag etwas zu essen zu haben ist zudem ein großes Glück. Viele Menschen auf dieser Erde haben überhaupt nichts zu essen. Wir bemühen uns, nur so viel auf den Teller zu tun, wie wir auch aufessen können, weil wir kein Essen vergeuden wollen. Kauen wir die Nahrung langsam, verdauen wir sie besser und können sie mehr genießen. Wenn wir achtsam essen und jeden Bissen genießen, sind wir in besserem Kontakt mit unserem Körper und wissen, wann wir satt sind. Dann überessen wir uns nicht oder nehmen Dinge zu uns, die uns nicht bekommen.

Es ist gut, bei Tisch freundlich miteinander zu sprechen. Du könntest sagen: »Papa, mir geht es so gut. Der Auflauf heute Abend schmeckt wunderbar. Vielen Dank dafür.« Wenn wir so sprechen, fühlen sich alle wohl. Wenn du jemanden bei Tisch rügst oder kritisierst, indem du vorwurfsvoll sagst: »Warum kommst du heute Abend so spät«, dann sind alle unglücklich. Wir wollen so leben, dass das Zusammensein der Familie beim Essen zur glücklichsten Zeit des Tages wird.

Wenn du auf diese Weise beim Essen Glück schaffst, kannst du es auch in anderen Augenblicken des Tages tun, und es ist wunderbar zu wissen, dass man das kann. Du hast die Begabung, in jedem Augenblick Glück zu schaffen.

Betrachte zunächst das Essen, wenn du am Tisch sitzt, damit du weißt, was du zu dir nimmst und in deinen Mund steckst. Ist es eine Mohrrübe, dann erkenne, dass du eine Mohrrübe und nichts anderes isst. Sind es Spaghetti, dann erkenne, dass es Spaghetti sind und nichts anderes – nicht deinen Ärger, nicht deine Gedanken darüber, was du morgen tun wirst.

Es dauert nur eine Sekunde, eine Karotte oder die Spaghetti anzuschauen und zu erkennen, was du gleich essen wirst. »Das ist eine Karotte.« »Das sind Spaghetti.« Das ist sehr wichtig. Wenn du die Nahrung, die du isst, zwar anschaust, sie für dich aber noch nicht wirklich da ist, dann nenne sie bei ihrem Namen: »Karotte« oder »Spaghetti«. Nachdem du sie bei ihrem Namen genannt hast, wird sie sich dir zeigen.

Mit der Zeit wirst du dann das, was du isst, auf eine sehr tiefe Weise erkennen. Dann wirst du eines Tages den Sonnenschein darin sehen, ebenso die Regenwolke und all die anderen Dinge und Menschen, die zusammengekommen sind, damit es diese Spaghetti und diese Karotte vor dir gibt.

Wenn du in diesem Bewusstsein das Essen in den Mund steckst und kaust, dann kaust du etwas Wundervolles. Bist du beim Essen wirklich vollkommen gegenwärtig, isst du mit deinem ganzen Herzen, deinem ganzen Körper, verbindest du dich mit dem gesamten Kosmos. Du hast dann den Sonnenschein, die Wolken, die Erde, Raum und Zeit in deinem Mund. Du bist mit der Wirklichkeit, mit dem Leben selbst, in Berührung.

Nachdem es bei uns in Plum Village Pflaumen gegessen hatte, sagte ein Kind:

»Eines Tages aßen wir Pflaumen und wir untersuchten die Kerne. Mir fielen Dinge auf, die ich nie zuvor bemerkt hatte, wie die verschiedenen Einkerbungen auf jedem Stein. Mir fielen auch die Furchen bei den meisten von ihnen auf. Früher habe ich die Kerne einfach weggeworfen. Einige von uns Kindern konnten sie offnen, und wir sahen, dass in der Mitte jeweils ein sehr kleiner Samen ist. Es ist wirklich toll. Ich habe noch nie zuvor einen Pflaumenkern geteilt. Das hat mir geholfen, im Moment zu sein. Ich hab ihn nicht einfach weggeworfen und mich umgesehen, was ich als Nächstes tun könnte. Wir haben auch erkannt, dass in jedem Kern tausende Pflaumenbäume sind.«

Kehre zu dir zurück

Eines Tages entschloss ich mich, in die schönen Wälder nahe meiner Einsiedelei, dem Ort, an dem ich lebe, zu gehen. Ich nahm ein belegtes Brot und eine Unterlage zum Sitzen mit und wollte einen ruhigen Tag ganz für mich allein verbringen.

Bevor ich an diesem Morgen die Einsiedelei verließ, hatte ich alle Fenster und Türen geöffnet, damit die Sonne hereinscheinen konnte. Doch am Nachmittag änderte sich das Wetter. Es kam Wind auf und Wolken türmten sich am Himmel. Ich erinnerte mich daran, dass ich meine Einsiedelei mit weit geöffneten Fenstern und Türen verlassen hatte und entschied mich, sofort nach Hause zurückzukehren.

Als ich dort ankam, fand ich die Einsiedelei in einem schrecklichen Zustand vor. Innen war es dunkel und kalt. Der Wind hatte meine Papiere vom Tisch geweht, und sie waren überall auf dem Boden verstreut. Es war alles andere als schön.

Als Erstes schloss ich Fenster und Türen. Dann machte ich Licht und als Drittes entzündete ich ein Feuer im Kamin, um den Raum aufzuwärmen. Als das Feuer brannte, sammelte ich die Papiere vom Boden auf, legte sie auf den Tisch zurück und packte einen Stein darauf.

Dann kehrte ich zum Kamin zurück. Das Feuer brannte sehr schön. Nun gab es Licht und es war warm. Ich saß da und lauschte dem tobenden Wind draußen. Ich stellte mir die Bäume vor, wie sie vom Wind geschüttelt wurden, und ich fühlte mich sehr zufrieden. Es war angenehm, so nah beim Feuer zu sitzen. Ich konnte mein Atmen hören, mein Einatmen und mein Ausatmen, und fühlte mich sehr behaglich.

Es gibt in unserem täglichen Leben Augenblicke, in denen wir uns schrecklich fühlen, leer und kalt, und in denen wir überhaupt nicht glücklich sind. Uns scheint, dass alles schief läuft. Auch du hast in deinem Leben vielleicht schon solche Gefühle kennengelernt. Und wenn wir in diesen Momenten versuchen, die Situation zu verbessern, indem wir etwas tun oder sagen, so scheint doch nichts zu funktionieren und wir denken: »Das ist heute nicht mein Tag.« Und genau so war es um meine Einsiedelei an diesem Tag bestellt.

Das Beste, was wir in einer solchen Situation tun können, ist, zu uns selbst zurückzukehren, zu unserer Einsiedelei, alle Türen und Fenster zu schließen, eine Lampe anzumachen und ein Feuer zu entfachen. Das bedeutet: Du musst innehalten. Du bist nicht länger damit beschäftigt, Dinge anzuschauen, Dinge zu hören oder etwas zu sagen. Du bist zu dir selbst zurückgekehrt und bist eins geworden mit deinem Atmen. Das meine ich mit der Rückkehr in deine Einsiedelei.

Jeder von uns hat eine Einsiedelei – einen Ort, um Zuflucht zu nehmen und zu atmen. Das bedeutet aber nicht, dass du dich damit von
der Welt abschneidest. Es bedeutet, dass du mehr mit dir selbst in Berührung kommst. Das Atmen ist dafür gut geeignet. Versuch es. Halte
einfach inne, gerade jetzt, in diesem Moment, und nimm dein Einatmen
und dein Ausatmen wahr. Sag beim Einatmen zu dir: »Ich atme ein und
bin im gegenwärtigen Moment.« Und sag beim Ausatmen zu dir: »Ich
atme aus, und es ist ein wundervoller Moment.« Wenn du diese Zeilen
wiederholst, kannst du einfach die Worte »gegenwärtiger Moment«
beim Einatmen und »wundervoller Moment« beim Ausatmen sagen.
Atmest du auf diese Weise, dann wirst du dich wirklich wunderbar
fühlen.

So innezuhalten und zu atmen wird achtsames Atmen oder Atem-
meditation genannt. Durch achtsames Atmen wird deine Einsiedelei
sehr viel behaglicher. Und ist deine Einsiedelei innen behaglich, dann
wird auch dein Kontakt mit der Welt außen angenehmer werden.

Wenn du wütend bist

Geschieht etwas Unerfreuliches, wirst du vielleicht sehr ärgerlich oder
wütend. Möglicherweise tut oder sagt deine Schwester oder dein Bruder etwas, was du nicht magst. Wenn du sehr wütend bist, willst du
gewöhnlich einfach nur die andere Person anschreien oder du willst
weinen.

Weil wir uns verletzt fühlen, wollen wir etwas sagen oder tun, um
nun unsererseits die andere Person zu verletzen. Wir glauben, wenn wir
ihr etwas Gemeines sagen, ginge es uns besser. Doch wenn wir verlet-

zende Worte zurückgeben, wird sich die andere Person etwas noch Gemeineres ausdenken, was sie sagen kann. Und keiner von uns beiden weiß, wie man damit aufhört.

Macht dich jemand ärgerlich oder wütend, ist es besser, nicht mit Worten darauf zu reagieren. Das Erste ist innezuhalten und zum Atem zurückzukehren. Das tue ich immer in einem solchen Fall. Ich sage: »Ich atme ein und weiß, dass ich wütend bin. Ich atme aus und die Wut ist immer noch da.« So mache ich drei oder vier Atemzüge, und dann geschieht normalerweise innerlich eine kleine Veränderung und der Ärger oder die Wut wird etwas weicher.

Wir können lernen, so zu handeln, dass wir weder uns noch die anderen unglücklich machen. Wir können lernen, eine unglückliche Situation in eine freudige zu verwandeln. Das erfordert jedoch einige Übung. Und obwohl wir in der Schule viel lernen, haben wir dort meist nicht die Gelegenheit zu lernen, wie wir glücklich sein und weniger leiden können.

Unsere Wut ist ein Teil von uns. Wir sollten nicht so tun, als wären wir nicht wütend, wenn wir es tatsächlich sind. Was wir lernen müssen, ist, wie wir uns um unsere Wut kümmern können. Das können wir am besten, wenn wir innehalten und zu unserem Atem zurückkehren.

Stell dir deine Wut als deinen kleinen Bruder oder deine kleine Schwester vor. Egal, was dein kleiner Bruder oder deine kleine Schwester auch getan haben mag, du solltest ihn oder sie zärtlich und liebevoll behandeln. Und mit Zärtlichkeit und Liebe solltest du auch deiner Wut begegnen. Wenn du wütend bist, sag:

Einatmend weiß ich, dass ich wütend bin.
Ausatmend kümmere ich mich gut um meine Wut.

Während du das sagst und atmest, bist du vielleicht immer noch wütend. Doch du kannst dich sicher fühlen, denn du umarmst deine Wut so, wie eine Mutter ihr weinendes Baby umarmt. Nach einer Weile wirst du ruhiger werden und bist nun in der Lage, deiner Wut zuzulächeln.

Einatmend erkenne ich Wut in mir.
Ausatmend lächle ich meiner Wut zu.

Wenn wir uns so um unsere Wut kümmern, sind wir achtsam. Mit der Achtsamkeit ist es so wie mit dem Sonnenschein. Ohne jede Anstrengung bescheint die Sonne alles, und alles ändert sich dadurch. Setzen wir unsere Wut dem Licht der Achtsamkeit aus, wird auch sie sich verändern, wie eine Blume, die sich der Sonne öffnet.

Ein Kieselstein für deine Tasche

Wenn wir während des Tages wütend werden, ist es manchmal schwierig für uns, uns daran zu erinnern, innezuhalten und zu atmen. Ich kenne eine gute Möglichkeit, sich stets daran zu erinnern, innezuhalten und zu atmen, wenn du ärgerlich oder wütend bist. Mach als Erstes einen Spaziergang und such dir einen schönen Kieselstein. Setz dich als Nächstes zu Hause neben den Buddha, falls ihr einen habt, oder setz dich draußen unter einen besonderen Baum oder auf einen speziellen Stein oder geh in dein Zimmer. Sag mit dem Kieselstein in der Hand:

Lieber Buddha,
dies ist mein Kieselstein. Ich will mit ihm üben,
wenn am Tag Dinge schief laufen.
Wann immer ich ärgerlich oder wütend bin,
will ich den Stein in meine Hand nehmen
und tief atmen. Ich werde das so lange tun,
bis ich mich beruhigt habe.

Steck deinen Kieselstein jetzt in deine Tasche und nimm ihn überall mit hin. Wenn dich während des Tages etwas unglücklich macht, nimm den Stein aus der Tasche, atme tief ein und aus und sage zu dir:

Einatmend weiß ich, dass ich wütend bin.
Ausatmend kümmere ich mich gut um meine Wut.

Wiederhole das so lange, bis du dich wirklich besser fühlst und du deiner Wut zulächeln kannst.

Gehmeditation

Auch das Gehen ist eine wunderbare Möglichkeit, sich zu beruhigen, wenn man wütend ist. Beim Gehen schenken wir jedem Schritt, den wir machen, Aufmerksamkeit. Wir nehmen wahr, wie jeder Fuß den Boden berührt. Die Erde ist unsere Mutter. Sind wir von Mutter Erde entfernt, werden wir krank. Mit jedem Schritt, den wir machen, berühren wir unsere Mutter, so dass es uns wieder gut geht. Mutter Erde ist großer Schaden zugefügt worden; jetzt ist die Zeit, die Erde mit unseren Füßen zu küssen, mit unserer Liebe.

Höre während des Gehens nicht damit auf, die schönen Dinge um dich herum, über dir oder unter dir wahrzunehmen. Atme ein und aus, um mit diesen wundervollen Dingen in Berührung zu bleiben. In dem Moment, in dem du aufhörst, dir deines Atems bewusst zu sein, verschwinden diese schönen Dinge vielleicht, und Denken und Sorgen füllen erneut deinen Geist aus.

Erlaube dir einfach nur zu sein! Erlaube dir, dich daran zu erfreuen, im gegenwärtigen Moment zu sein. Die Erde ist so schön. Erfreue dich am Planeten Erde. Auch du bist schön, du bist ein Wunder wie die Erde. Auf eine solche Weise zu gehen wird Gehmeditation genannt.

Mach dir klar, dass du beim Gehen nirgends hingehst, und doch hilft dir jeder Schritt dabei anzukommen. Wo anzukommen? Im gegenwärtigen Moment, im Hier und Jetzt. Du brauchst gar nichts anderes, um glücklich zu sein. Einige Kinder haben das in Plum Village so ausgedrückt:

»*Gehmeditation bedeutet,*
dass du alles um dich herum wahrnimmst.
Du hörst deinem Atem zu. Wenn du nie achtsam gehst,
kann es sein, dass dein ganzes Leben vergeht,
ohne dass du es überhaupt merkst. Überleg mal,
wie schade es wäre, wenn du durchs Leben gehst und
nur daran denkst, was als Nächstes passieren wird,
und nie etwas anderes wahrnimmst,
gar nicht weißt, wie die Welt überhaupt ist.
Das wäre ganz schön traurig.«

»*Man braucht viel Geduld, um achtsam zu sein.*
Bist du achtsam, ist dein Geist voll von den Dingen,
die dich umgeben, voll von deinem Atem, du spürst die
Steine unter deinen Füßen, und das ist Achtsamkeit.
Du bist im gegenwärtigen Moment, dir ist bewusst,
was du tust. Du weißt, dass du gehst und
dass du mit Thây gehst.*
Dein Geist kann nicht woanders sein, zum Beispiel
beim Nachdenken über das Abendessen. Er ist genau da,
wo du bist. Und das ist Gehmeditation.«

* Thich Nhat Hanh wird manchmal auch Thay genannt,
das ist vietnamesisch und bedeutet ›Lehrer‹.

»Das Besondere an der Gehmeditation ist,
dass du alles, was um dich ist, bemerkst.
Du nimmst alles in dich auf,
wie zum Beispiel den blauen Himmel.
Wir können mit vielen,
vielen wunderbaren Dingen
in Berührung sein.«

Der Lotosteich

Es gibt in Plum Village, dem Ort, an dem ich in Frankreich lebe, einen schönen Lotosteich. Vielleicht kommst du ja eines Tages nach Plum Village und kannst ihn sehen. Im Sommer ist der Teich von Hunderten schöner Lotosblumen bedeckt. Erstaunlich ist, dass alle Lotosblumen des Teiches von einem einzigen winzig kleinen Samen stammen. Ich möchte dir erzählen, wie ein Lotosteich entsteht.

Lotossamen müssen in nasses Erdreich gepflanzt werden. Sie wachsen in trockenem Boden nicht gut. Doch es gibt dabei einen Trick. Wenn du einfach nur einen Samen in den Schlamm einsetzt, wird er nicht keimen, selbst wenn du drei Wochen, fünf Wochen oder zehn Wochen wartest. Doch er wird auch nicht eingehen. Es gibt Lotossamen, die mehr als tausend Jahre alt sind und sich dann noch, eingepflanzt, zu Lotospflanzen entwickeln.

Der Lotossamen keimt nicht, wenn du ihn nur in den Schlamm setzt, denn der Samen braucht zum Keimen etwas Hilfe. Der Lotossamen besteht aus einem Kern mit einer sehr harten Schale drumherum. Damit der Samen keimen kann, muss das Wasser durch die Schale dringen können. Das ist der Trick. Du musst ein kleines Loch in den Samen machen, damit das Wasser hineingelangen kann.

Du kannst die äußere Haut mit einem Messer durchstechen oder mit einem Stein so dagegen reiben, dass eine Öffnung entsteht. Dadurch kann das Wasser zum Samen vordringen. Wenn du den kleinen Samen dann ins Wasser oder in den Schlamm legst, wird er in nur vier oder fünf Tagen keimen und daraus wird dann eine winzige Lotosblume.

Als Erstes werden sich einige kleine Lotosblätter bilden, die schon bald größer werden. Du kannst eine kleine Lotospflanze im Frühling, Sommer oder Herbst draußen in deinem Garten lassen, doch wenn es kalt wird, musst du sie hereinholen, damit sie dort weiterwachsen kann.

Im Frühling kannst du sie wieder ins Freie bringen und in ein größeres Behältnis tun, und die Pflanze wird noch größer werden. In einem Jahr werden sich dann schon etliche Lotosblumen gebildet haben und nach drei Jahren wirst du einen Lotosteich haben, der so groß ist wie der in Plum Village.

Du siehst also, ein großer Lotosteich ist in einem winzigen Samen enthalten. Der winzige Samen enthält alle Vorfahren des Lotos – er enthält ihren Duft und ihre Schönheit sowie ihre Eigenschaften. Wenn der Samen keimt und wächst, bietet er der Welt all diese Geschenke dar.

Jeder von euch ist ein solch wundervoller Samen wie ein Lotossamen. Du siehst etwas größer aus als ein Lotossamen, doch du bist trotzdem ein Samen. In dir gibt es Verständnis und Liebe und viele, viele verschiedene Talente und Begabungen. Von unseren Vorfahren haben wir wundervolle Samen empfangen. Unsere Fähigkeit, Musik zu machen oder zu malen, schnell zu laufen oder gut in Mathematik zu sein, geschickt mit den Händen zu sein oder gut zu tanzen – all dies sind Samen, die wir von unseren Vorfahren empfangen haben. Wir haben auch Samen geerbt, die nicht so angenehm sind, wie die Samen von Angst und Wut. Diese Samen von Angst und Wut können uns sehr unglücklich machen, und oft wissen wir nicht, was wir dann tun sollen.

Seit einiger Zeit besuchen ein zwölfjähriger Junge und seine Schwester regelmäßig Plum Village. Der Junge hatte ein Problem mit seinem Vater. Er war sehr wütend auf ihn, weil sein Vater nie freundlich mit ihm sprach. Wann immer der Junge hinfiel oder sich wehtat, wurde sein Vater, anstatt ihm zu helfen und ihn zu trösten, wütend auf ihn. Er sagte: »Du bist so dumm! Warum machst du so was?«

Der Junge wollte natürlich, dass sein Vater ihn mit freundlichen Worten tröstete, wenn er sich wehgetan hatte. Er verstand nicht, warum ihn sein Vater so behandelte, und er gelobte, als Erwachsener nie so zu handeln wie sein Vater. Er würde seinem Sohn selbstverständlich helfen und ihn trösten, sollte der hinfallen und sich verletzen.

Eines Tages sah er, wie seine Schwester mit einem anderen Mädchen in einer Hängematte spielte. Sie schaukelten hin und her. Auf einmal überschlugen sie sich in der Hängematte und beide Mädchen fielen auf den Boden. Seine Schwester verletzte sich an der Stirn. Als der Junge sah, dass sie blutete, wurde er wütend. Er wollte gerade brüllen: »Du bist so dumm! Warum passt du nicht auf?« Doch weil er bereits wusste, wie man übt, hielt er sich zurück und kehrte zu seinem Atem zurück. Als er sah, dass es seiner Schwester gut ging und andere sich um sie kümmerten, entschloss er sich zu einer Gehmeditation.

Während der Meditation entdeckte er etwas Wundervolles. Er sah, dass er genauso war wie sein Vater. Dieselbe Art Energie trieb ihn an, unfreundliche Dinge zu sagen. Wenn deine Liebsten leiden, solltest du liebevoll und zärtlich sein und ihnen helfen und sie nicht voller Wut anschreien. Er erkannte, dass er dabei war, sich genauso wie sein Vater zu verhalten. Das war seine Einsicht. Er erkannte, dass er die Fortführung seines Vaters war und dieselbe Art Energie, dieselben negativen Samen in sich hatte.

Während er achtsam Gehmeditation machte, entdeckte er auch, dass er seine Wut nicht ohne Übung würde verwandeln können und dann diese Wutenergie an seine Kinder weitergeben würde. Ich denke, es ist sehr bemerkenswert für einen zwölfjährigen Jungen, so erfolgreich in seiner Meditation zu sein. Diese beiden Einsichten kamen ihm in nur fünfzehn Minuten Gehmeditation.

Seine dritte und abschließende Einsicht war, dass er nach seiner Rückkehr seine Entdeckungen mit seinem Vater besprechen wollte. Er entschloss sich, seinen Vater zu bitten, mit ihm gemeinsam zu üben, damit sie beide ihre Energie würden verwandeln können. Mit dieser dritten Einsicht verschwand seine Wut auf seinen Vater, denn er wusste nun, dass auch sein Vater ein Opfer war. Vielleicht hatte er diese Energie von seinem eigenen Vater erhalten. Du siehst also, um sich von seiner Wut befreien zu können und Verstehen zu entwickeln, ist sehr wichtig, ganz tief zu schauen.

Der kostbare Edelstein

Im Buddhismus gibt es ein wundervolles Bild für die Welt. Danach ist die Welt voller funkelnder, glänzender Edelsteine. Diese Welt wird Dharmakaya genannt (ausgesprochen »Dar-ma-*ka*-ja«). Der Dharma-kaya ist nicht getrennt von der Welt, die wir tagtäglich sehen. Wenn wir genau hinschauen, werden wir entdecken, dass unsere alltägliche Welt voller wunderbarer Schätze ist. Vor langer Zeit erzählte der Buddha eine Geschichte, um uns daran zu erinnern, dass diese wundervollen Schätze immer für uns da sind, wenn wir sie nur sehen können.

Es war einmal ein reicher Mann, der einen sehr faulen Sohn hatte. Der junge Mann wusste nichts anderes, als das Geld seines Vaters aus-zugeben. Weil er der Sohn eines wohlhabenden Mannes war, hatte er nie ein Handwerk gelernt, und er hatte keine Ahnung, wie man selbst seinen Lebensunterhalt verdient. Sein Vater fürchtete, dass sein Sohn nach seinem Tod alles verkaufen und dann verarmen würde. Obwohl er immer wieder versuchte, seinen Sohn zu ändern, erkannte der Vater am Ende, dass ihm das, solange er lebte, nicht mehr gelingen würde.

Doch er liebte seinen Sohn sehr und konnte nicht aufhören, sich um ihn zu sorgen. Dann hatte er eines Abends eine Idee. Am nächsten Morgen ging er zu seinem Schneider und bat diesen, ihm eine warme Jacke anzufertigen. Als sie fertig war, nahm der alte Mann sie mit nach Hause und trug sie jeden Tag, bis sie gebraucht aussah.

Eines Tages rief er seinen Sohn und sagte ihm: »Mein Sohn, wenn ich sterbe, werde ich dir alles, was ich habe, hinterlassen. Ich hoffe, dass du gut mit deinem Erbe umgehst. Solltest du dich aber entschließen, all meine Besitztümer zu verkaufen, bitte ich dich nur um eins.« Er nahm die Jacke hoch und sagte: »Ich bitte dich, diese Jacke zu behalten und sie immer zu tragen. Das wird mich glücklich machen.«

Der Sohn sah sich die abgetragene Jacke an. Diese Bitte konnte er ganz einfach erfüllen.

»Sorge dich nicht, Vater. Ich verspreche es, ich werde sie nicht verkaufen.«

Kurz danach starb der Vater und der Sohn erbte alle seine Besitztümer. Doch wie der Vater es vorausgesehen hatte, verkaufte der Sohn alles. Aber er erinnerte sich auch an sein Versprechen und behielt die Jacke.

Schon bald hatte der Sohn alles Geld aus den Verkäufen ausgegeben. Und wie sein Vater befürchtet hatte, verarmte er. Nach und nach verließen ihn auch all seine Freunde. Und da er nicht wusste, wie man seinen Lebensunterhalt verdient, hatte er bald kein Dach mehr über dem Kopf.

Ohne Freunde und Zuhause wanderte der Sohn nun von Ort zu Ort. Manche Nacht musste er mit hungrigem Magen im Freien unter einem Baum schlafen. Doch die Jacke des Vaters hielt ihn warm.

Viele Jahre gingen ins Land und noch immer wanderte der Sohn von Ort zu Ort und war obdachlos. Dann spürte er eines Tages auf dem Boden liegend etwas Hartes unter seinem Körper. Als Erstes dachte er, es wäre ein Stein auf dem Boden, auf dem er lag. Doch als er nachsah, war da kein Stein.

Entschlossen herauszufinden, was das harte Ding, das er gespürt hatte, wohl sei, durchsuchte er die Taschen der Jacke, aber auch da war nichts zu finden. Er wurde immer neugieriger und durchsuchte das ganze Kleidungsstück sorgfältig. Plötzlich spürte er etwas im Futter der mittlerweile sehr abgetragenen Jacke. Er schnitt das Futter auf und zu seiner Überraschung fiel ein Edelstein heraus. Sein Vater hatte einen kostbaren Edelstein in das Futter einnähen lassen.

Nachdem der Sohn so viele Jahre lang geglaubt hatte, arm zu sein, erkannte er auf einmal, dass er reich war. Aber jetzt hatte er seine Lektion gelernt. Diesmal wollte er seinen Reichtum nicht verschleudern. Er kaufte ein Haus und baute sich eine Existenz auf. Er begann seinen Lebensunterhalt zu verdienen. Er war überglücklich. Und er war so dankbar für diese zweite Chance, dass er seinen Reichtum gern mit anderen teilte.

Nachdem er die Geschichte erzählt hatte, fügte der Buddha hinzu, dass wir alle wie dieser Sohn sind. Auch wir haben große Reichtümer geerbt, doch wir wissen das nicht und verhalten uns, als wären wir ganz arm. In uns liegt ein Schatz von Erleuchtung, Verstehen, Liebe und Freude. Und wenn wir wissen, wie wir diesen Schatz wiederfinden können, werden wir sehr glücklich sein.

Es gibt so viele Chancen für uns, glücklich zu sein. Doch wir glauben weiterhin, dass wir bettelarme Söhne oder notleidende Töchter sind.

Es ist also an der Zeit, dass du dein Erbe empfängst. Achtsam zu sein wird dir helfen, es geltend zu machen. Mit Achtsamkeit wirst du entdecken, dass viele Edelsteine im Futter deiner Jacke sind. Du musst nur den Kopf heben, dann siehst du den blauen Himmel. Du musst nur ein- und ausatmen und spürst, dass der heutige Tag wunderschön ist und dass er es wert ist, gelebt zu werden. Du musst nur ein- und ausatmen, um zu sehen, dass Menschen, die du liebst, lebendig sind, dass sie bei dir sind, und du kannst sehr, sehr glücklich sein.

Das folgende Gedicht habe ich geschrieben, nachdem ich die Geschichte des Buddha über den reichen Mann und seinen Sohn gelesen habe.

Überall im Kosmos
gibt es kostbare Edelsteine
Und sie sind auch in jedem von uns.
Ich möchte dir eine Handvoll
davon schenken, lieber Freund.

Ja, heute Morgen möchte ich dir
eine Handvoll schenken,
eine Handvoll Diamanten,
funkelnd von morgens bis abends.
Jede Minute unseres täglichen Lebens
ist ein Diamant,
der den Himmel und die Erde enthält,
den Sonnenschein und den Fluss.

Wir müssen einfach nur sanft atmen,
dann wird sich uns das Wunder offenbaren:
Vögel singen, Blumen blühen.
Hier ist der blaue Himmel,
hier treiben die weißen Wolken,
dein allerliebster Blick,
dein schönes Lächeln.
All dies ist in einem Juwel enthalten.

Du bist der reichste Mensch auf Erden
und benimmst dich doch
wie ein bettelarmer Sohn,
bitte tritt dein Erbe an.

Lass uns einander Glück schenken
und lernen, im gegenwärtigen Moment
zu weilen.
Lass uns das Leben liebevoll
in unseren Armen halten
und unsere Unachtsamkeit und
Verzweiflung loslassen.

Du bist ein werdender Buddha

Der Name »Buddha« kommt von dem Sanskritwort »budh« und das bedeutet »erwachen«, »verstehen«, »wissen«. Ein Buddha ist jemand, der oder die erwacht ist und sich aller Dinge bewusst ist, die im gegenwärtigen Moment geschehen. Sein oder ihr Verstehen und seine oder ihre Liebe sind sehr, sehr tief. Jeder kann ein Buddha werden. Wir alle sind künftige Buddhas, sind imstande, tief zu verstehen, und wir besitzen die große Fähigkeit zu lieben und das Leiden anderer zu lindern.

Freundinnen und Freunde des Buddha grüßen einander oft, indem sie ihre Hände zu einer Lotosblüte zusammenlegen. Der Lotos ist eine wunderschöne Blume, die wie eine Magnolie aussieht. Wir legen unsere Handflächen zusammen und sagen still beim Einatmen: »Ein Lotos für dich.« Dann verbeugen wir uns, atmen aus und sagen still: »Werdender Buddha.« Mit dieser Gebärde bestätigen wir die Gegenwart des anderen Menschen, wir erkennen ihn an und bieten ihm unsere eigene Gegenwart.

Der Buddha sagte, dass es viele Buddhas überall gibt, die genau in diesem Augenblick lehren und versuchen, Liebe und Mitgefühl in das alltägliche Leben zu bringen. Der Buddha sagte, wir alle seien werdende Buddhas. Er hatte Recht, denn in jedem von uns sind Samen des Verstehens, der Liebe und des Mitgefühls. Wenn wir diese Liebe und dieses

Verstehen hegen und pflegen, wässern wir solche Samen und sie werden
erblühen und Früchte tragen. Üben wir den Lehren des Buddha gemäß,
werden auch wir Buddhas werden.

Jede und jeder von uns ist ein werdender, ein zukünftiger Buddha.
Darum wollen wir so leben, dass der Buddha in uns erblühen kann.
Wissen wir, wie wir atmen, wie wir gehen, wie wir lächeln, wie wir gut
mit Menschen, Tieren, Pflanzen und Mineralien umgehen, dann werden
wir wirkliche Buddhas.

Respekt für Körper und Geist

Das Bewusstsein, ein werdender, zukünftiger Buddha zu sein, wird dir
helfen, daran zu denken, dich gut um deinen Körper zu kümmern.
Einige Teile deines Körpers sind sehr heilig. Der oberste Teil des Kopfes
ist für Asiaten, besonders Vietnamesen wie ein Altar. Auf einen Altar
stellen wir die heiligsten Dinge. In Vietnam gibt es in jedem Haus,
selbst im ärmlichsten, einen Altar mit Früchten, Blumen oder Räucher-
werk für die Ahnen. Einen Altar behandeln wir mit Respekt, er ist heilig.

Ähnlich gibt es auch an unserem Körper Orte, von denen wir nicht wollen, dass sie von anderen einfach so gesehen oder berührt werden. Das gilt für Mädchen und Jungen gleichermaßen. Wir können jemanden bei der Hand halten oder dessen Schulter berühren, doch wir sollten nicht die heiligen Körperbereiche eines anderen berühren.

Es gibt auch in unserer Seele heilige Bereiche, von denen wir nicht wollen, dass jeder sie sieht oder berührt. Besonders wenn wir etwas älter sind, haben wir Erfahrungen und Vorstellungen, die wir gern für uns behalten wollen. Wir wollen sie nicht mit jedem X-Beliebigen teilen, höchstens mit der Person, zu der wir volles Vertrauen haben, die wir über alles lieben. Wir enthüllen Vertrauliches nur einer kleinen Zahl von Menschen – vielleicht auch nur einer einzigen Person. Nur mit einer Freundin, einem Freund, die oder der uns wirklich versteht, können wir diese Dinge teilen. Ein solch tiefes Verstehen entwickelt sich, wenn wir üben, tief zuzuhören und liebevoll zu sprechen.

Sei freundlich zu dir

Zum Respekt für unseren Körper gehört auch die Achtsamkeit für das, was wir unserem Körper und unserem Geist zuführen, was wir in uns aufnehmen. Bei einigem von dem, was wir essen und trinken, haben wir zuerst vielleicht ein gutes Gefühl. Doch manchmal kann sich daraus eine Sucht entwickeln, und dies verursacht dann großes Leid. Lass dich nicht von scheinbar angenehmen Gefühlen in die Irre führen. Schau achtsam in diese zunächst so angenehmen Gefühle hinein, denn sie enthalten unter Umständen die Samen sehr leidvoller Gefühle, die sich dann später in dir zeigen werden.

Auch Bewusstsein ist Nahrung. Wenn du einen Artikel in einer Zeitschrift liest, fernsiehst oder ins Kino gehst, dann nimmst du, ob du es nun glaubst oder nicht, Bewusstsein zu dir, denn diese Dinge spiegeln das kollektive Bewusstsein einer Gruppe von Menschen wieder, mit ihren Sichtweisen, Gefühlen und so weiter. Der Buddha sagte, dass es dir bewusst sein muss, welche Art Bewusstsein du aufnimmst. Denn einige Bewusstseinsarten sind nicht gut oder gesund für uns.

So können Fernsehprogramme, Bücher und sogar die Nachrichten, die wir in der Zeitung lesen, unserem Bewusstsein Gift einflößen, und unsere Angst, unser Kummer und unsere Verzweiflung können durch solche Ansichten, Klänge und Informationen gefüttert werden. Darum musst du achtsam das als Nahrung auswählen, was zu deiner Heilung und Wandlung führt.

Achtsam konsumieren bedeutet, dass wir unserem Körper und Geist nur gesunde Nahrung zuführen. Wir üben uns in achtsamem Essen, Trinken und Konsumieren und vermeiden es, Gifte zu uns zu nehmen. Wir tun das für uns und die Menschen in unserer Familie und Gesellschaft. Die Unterstützung unserer Familie, unserer Freundinnen und Freunde kann uns dabei helfen.

Anhalten

Es gibt eine bekannte Zen-Geschichte über einen Mann, der auf einem galoppierenden Pferd sitzt. Jemand, der ihn vorbeireiten sieht, ruft: »Wohin reiten Sie?« Der Reiter dreht sich um und schreit: »Das weiß ich nicht, da müssen Sie das Pferd fragen.«

Diese Geschichte ist lustig, aber sie ist auch wahr, denn wir wissen wirklich nicht genau, wohin wir unterwegs sind oder warum wir uns so abhetzen. Ein galoppierendes Pferd treibt uns vorwärts und entscheidet alles für uns. Dieses Pferd wird »Gewohnheitsenergie« genannt. Du hast diese Energie durch deine Eltern oder deine Vorfahren empfangen.

Zum Beispiel sagen wir manchmal gemeine Dinge, obwohl wir genau wissen, dass wir damit für uns selbst und die Menschen in unserer Umgebung Leid schaffen. Später bedauern wir das vielleicht und sagen: »Ich konnte nichts machen; das war stärker als ich.« Und wir versprechen uns aufrichtig, dass wir das nächste Mal nicht mehr solche Gemeinheiten sagen werden. Doch wenn sich die Situation wieder ergibt, tun wir genau das Gleiche: Wir sagen oder tun Dinge, die nicht nur andere, sondern auch uns selbst verletzen. Das ist mit Gewohnheitsenergie gemeint.

Unsere Aufgabe ist es, uns dieser Gewohnheitsenergie bewusst zu werden und uns nicht länger von ihr herumschubsen zu lassen. Wir können ihr zulächeln und sagen: »Hallo, meine Gewohnheitsenergie. Ich weiß, dass du da bist.« Sich um sich selbst zu kümmern, bedeutet als Erstes zu lernen, wie man anhält und nach innen schaut. Das ist eine wundervolle Übung.

Was können wir tun, um wieder zu lächeln und uns lebendig zu fühlen, wenn wir sehr aufgewühlt sind, wenn jemand wütend ist oder herumbrüllt oder wir uns traurig und deprimiert fühlen? Wir müssen die Kunst des Anhaltens erlernen, dann können wir die Dinge in uns und um uns herum zur Ruhe kommen lassen. Sinn und Zweck des Anhaltens ist es, dass wir ruhig und gefestigt werden und dass wir klar sehen. Wenn wir nicht ruhig und stabil sind und nicht klar sehen können, dann können wir unsere Probleme nicht angehen.

Anhalten bedeutet nicht, still zu sitzen. Denn selbst wenn du unbeweglich an einer Stelle sitzt, kann sich dein Geist, können sich deine Gedanken in der Vergangenheit, der Zukunft oder in deinen Plänen und Projekten verlieren, und das ist nicht Anhalten. In uns läuft die ganze Zeit, ohne Unterbrechung, ein Film; wir denken fortwährend an dies oder das, sehen ein Bild nach dem anderen vor uns. Es hört nie auf.

Auch wenn du gar nichts laut sagst, gibt es doch keine Stille in dir. Innere Stille hilft uns aber, all das zu genießen, was im gegenwärtigen Moment da ist. Sie lässt uns den Sonnenschein betrachten und uns wirklich daran erfreuen. Sie lässt uns die Gegenwart genießen und auch die, die wir lieben.

Innehalten bedeutet also, zum Hier und Jetzt zurückzukehren und die Wunder des Lebens, die uns allzeit zur Verfügung stehen, zu berühren. Ohne dieses Innehalten ist dein Geist nicht mit deinem Körper vereint – dein Körper mag sich an einem Ort aufhalten, dein Geist an einem ganz anderen. Anhalten bringt deinen Körper und deinen Geist zusammen, zurück ins Hier und Jetzt.

Ein ganz wichtiger Teil unserer Übung besteht darin, tief zu schauen, um wirklich etwas sehen und erkennen zu können. Oft leiden wir, weil wir nicht sorgfältig und genau hinschauen, und deshalb nehmen wir viele Dinge falsch wahr. So wie jemand, der im Dunkeln einen Weg entlanggeht und plötzlich eine Schlange sieht und schreiend ins Haus läuft: »Eine Schlange! Eine Schlange!« Alle rennen nach draußen und wenn sie mit der Taschenlampe den Weg anleuchten, sehen sie, dass die »Schlange« in Wirklichkeit ein Seil ist. Um also gut auf uns selbst aufzupassen und die Dinge in uns und um uns herum zur Ruhe kommen zu lassen, üben wir uns darin, innezuhalten und tief zu schauen.

Indem du in deinen Aktivitäten von Körper und Geist innehältst – und nur ruhig dasitzt, ein- und ausatmest, innerlich still wirst – wirst du gefestigter, konzentrierter und klüger. Dein Geist ist klar und du reagierst gut, weil du gefestigt und stark bist. Nun kannst du tief in das, was in dir und um dich herum geschehen ist, hineinschauen.

Unter dem Apfelbaum

Sitzmeditation ist eine Möglichkeit, zum Hier und Jetzt zurückzukehren. Wenn wir wissen, wie wir Sitzmeditation üben können, werden wir klar, stark und gefestigt. Dann wird es für andere gar nicht mehr so leicht sein, uns zu provozieren oder aus dem Gleichgewicht zu bringen. Sitz wie ein Berg. Kein noch so starker Wind kann den Berg umblasen. Kannst du keine halbe Stunde sitzen, dann sitz für drei Minuten. Wenn du drei Minuten lang so stabil wie ein Berg sitzen kannst, ist das bereits sehr gut.

Sei dir beim Sitzen sicher, dass du das nicht tust, um anderen zu gefallen. Sitz für dich. Wenn mich jemand fragt, warum ich sitze, dann antworte ich: »Weil ich es gern tue.« Wenn jemand dich fragt, warum du sitzt, sagst du: »Ich sitze, weil ich es mag.« Ich halte das für die beste Antwort. Du erfreust dich am Sitzen, weil du dabei zu einer Blume wirst, einem Berg, zu stillem Wasser und leerem Raum. Wenn du zu all diesen wundervollen Dingen wirst, wirst du wirklich du selbst und lebst tief im Hier und Jetzt.

Ich möchte dir jetzt eine Geschichte über Siddhartha, den Buddha, erzählen. Sie trug sich zu, als er noch ein Junge war.

Siddhartha war neun Jahre alt und er und seine Schulkameraden hatten die Erlaubnis bekommen, der Zeremonie des ersten Pflügens der Felder beizuwohnen. Diese Zeremonie stand jedes Jahr unter dem Vorsitz von König Suddhodana, dem Vater Siddharthas. Siddharthas Tante und Stiefmutter Gotami zog dem Jungen zu dieser Gelegenheit die feinsten Sachen an.

Die Zeremonie fand auf einem der fruchtbarsten Felder des Königreichs statt. Die Priester eröffneten die Zeremonie mit Rezitationen aus den Heiligen Schriften. Dann pflügte der König mit Unterstützung von zwei Offizieren die erste Furche des Feldes, und die Menge jubelte ihnen zu. Die Pflugsaison hatte damit begonnen! Dem Beispiel des Königs folgend, begannen die Bauern nun damit, ihre eigenen Felder zu pflügen.

Siddhartha stand am Rand eines der Felder und sah zu, wie ein Bauer einem Wasserbüffel den Pflug anschirrte. Der Bauer hielt mit einer Hand den Pflug in der Spur, während er in der anderen Hand einen Stock hatte, mit dem er den Büffel antrieb. Der Büffel musste sich unter dem Gewicht des Pfluges mächtig anstrengen. Die Sonne brannte auf den Bauern herab, und sein Körper war schweißüberströmt. Der Pflug teilte die fruchtbare Erde in zwei Furchen.

Siddhartha beobachtete, dass beim Umwenden der Erde durch den Pflug Würmer und andere winzige Geschöpfe zerschnitten wurden und qualvoll starben, der heißen Sonne ungeschützt ausgesetzt. Kleine Vögel erspähten sie von oben und fraßen sie. Ein Falke stürzte herab, packte einen dieser kleinen Vögel mit seinen Klauen und flog mit ihm davon.

Siddhartha beobachtete all dies und schon bald war auch er unter der herabbrennenden Sonne in Schweiß gebadet. Er ging zu einem Apfelbaum, um in dessen Schatten über alles, was sich vor seinen Augen abgespielt hatte, nachzudenken. Er setzte sich unter den Baum, kreuzte seine Beine und schloss die Augen. So saß er längere Zeit da, still und aufrecht, und sann über das Gesehene nach. Familienmitglieder kamen mit Erfrischungen herbei, um das Fest des ersten Pflügens zu feiern. Es wurde gesungen und getanzt. Doch Siddhartha saß, ungeachtet des Beginns der Festlichkeiten, weiter still da.

Auch als der König und die Königin vorbeikamen, saß er noch auf diese Weise da. Diese waren ganz überrascht, ihn so tief konzentriert zu sehen. Seine Stiefmutter war von seinem Anblick zu Tränen gerührt, denn er sah so wunderschön aus. Als sie nahe bei ihm stand, schaute er auf und sagte: »Mutter, das Rezitieren der Schriften hilft den Würmern und Vögeln überhaupt nichts.«

Viel später, als der Buddha schon lange Zeit geübt hatte, kam ihm diese Erfahrung wieder in den Sinn, wie er mit neun Jahren zum ersten Mal im kühlen Schatten des Apfelbaums am Tag des ersten Pflügens in Meditation gesessen hatte, und er erinnerte sich daran, wie erfrischend und friedvoll er diese Momente erlebt hatte.

Wäre das Sitzen unangenehm und würde es große Mühen erfordern, dann würde ich überhaupt nicht sitzen. Ich meditiere nur, weil es mich glücklich macht. Ich würde es nicht tun, müsste ich leiden. In Meditation sitzen bedeutet, dass du hundertprozentig du selbst bist. Bist du zunächst aber nur zu achtzig Prozent da, ist das auch schon gut genug. Von Mal zu Mal wird es besser werden. Vielleicht waren es gestern achtzig Prozent, mögen es heute schon einundachtzig Prozent sein. Je präsenter du bist, desto glücklicher und gefestigter wirst du werden. Bei der Meditation geht es nur um dein Glück und deine Stabilität, nicht um irgendetwas anderes.

Sitzen wir in Meditation, dann halten wir inne und lassen unseren Geist ruhig und klar werden. Es ist wie mit verschmutztem Wasser. Geben wir in ein Glas Wasser etwas Schlamm und lassen das Wasser dann ruhig stehen, so wird der Schlamm sich allmählich auf dem Boden des Wasserglases absetzen und das Wasser wird wieder ganz klar werden. Verrührst du den Schlamm aber immer wieder, kann er sich nicht setzen. Ist der Schlamm ruhig, dann ist das Wasser klar. So ist es auch mit deinem Geist.

Setz dich in einer Haltung hin, die dir gefällt – in der Lotos-, der Halblotos- oder der Chrysanthemen-Sitzhaltung. Bei der Lotos-Position sind die Beine so gekreuzt, dass die Füße jeweils auf dem anderen Oberschenkel liegen. Bei der Halblotos-Position liegt nur ein Fuß auf dem Oberschenkel des anderen Beines, der andere ist vor dem Unterschenkel abgelegt. Als Chrysanthemen-Position wird jede Haltung bezeichnet, die dir gut gefällt. Wähle die Haltung aus, die für dich am bequemsten ist. Viele sehen die Lotoshaltung als die schönste und stabilste an. In der Lotoshaltung ist mein Körper sehr stabil; selbst wenn mich jemand anstoßen würde, ich fiele nicht um. Mit einem stabilen Körper ist es auch für unseren Geist einfacher, stabil zu sein, denn Körper und Geist beeinflussen einander.

Kann Meditation unser Gefühl des Unglücklichseins beeinflussen? Ja, das geht. Meditation macht das Glück für uns verfügbarer und verringert das Unglück. Meditation verwandelt unseren Abfall in Kompost, so dass dieser schon bald wieder zur Blume werden kann. Durch Meditation lernen wir, wie wir glücklich sein und auch andere Menschen glücklich machen können. So kümmern wir uns um unser Unglücklichsein.

Samen des Glücks pflanzen

Du hast in dir Samen des Glücklichseins und Samen des Unglücklichseins, gepflanzt von deinen Eltern, deinen Vorfahren oder deinen Freundinnen und Freunden. Treten die Samen des Glücks zutage, fühlst du dich glücklich. Doch wenn sich die Samen von Kummer, Wut und Hass zeigen, fühlst du dich sehr unglücklich. Unsere Lebensqualität hängt davon ab, welche Samen wir in unserem Bewusstsein wässern.

Wenn du bewusst und achtsam atmest, wenn du lächelst und die schönen Dinge in deiner Umgebung betrachtest, dann pflanzt du Samen der Schönheit und des Glücks. Darum üben wir uns darin, uns beim Einatmen als Blume zu sehen, uns beim Ausatmen erfrischt zu fühlen, uns beim Einatmen als Berg zu sehen und beim Ausatmen uns so stabil wie ein Berg zu fühlen. Diese Übung hilft uns, die Samen der Frische und Festigkeit in uns zu pflanzen. Jedes Mal, wenn wir ruhig und entspannt gehen oder wenn wir lächeln und die Spannung in uns loslassen, pflanzen wir Samen, die unser Glück stärken. Mit jedem glücklichen Schritt pflanzen wir glückliche Samen.

Das Glück können wir aber nicht vom Kummer trennen. Wir wissen, was Glück ist, weil wir wissen, was Leid ist. Haben wir niemals Hunger erfahren, können wir nicht wirklich verstehen, wie glücklich wir uns schätzen können, etwas zu essen zu haben. Wenn wir nie das

Leben eines obdachlosen Menschen gelebt haben, können wir die Tatsache, dass wir ein Dach über dem Kopf haben, wohl nie ganz wertschätzen. Darum kann man Glück nicht von Leid trennen. Das bedeutet, du kannst glücklich sein, weil du auch Kummer erfahren hast. Wer gar nichts über Schmerz und Leid weiß, kann kein glücklicher Mensch sein.

Du wurdest nie geboren

Wenn du ein Stück Papier betrachtest, vielleicht die Seite, die du jetzt liest, glaubst du möglicherweise, dass es nicht existiert hat, bevor es in der Papierfabrik hergestellt wurde. Doch schau, da schwebt eine Wolke in diesem Stück Papier. Ohne Wolke könnte es keinen Regen geben, und so könnte kein Baum wachsen, der uns das Papier gibt. Wenn du die Wolke aus dem Papier wegnimmst, fällt das Papier in sich zusammen. Bist du ein Dichter – doch auch wenn du keiner bist –, kannst du die Wolke in diesem Stück Papier sehen. Schaust du tief in dieses Stück Papier hinein und berührst du es tief, kannst du auch die Wolke berühren.

Wir können uns fragen, ob dieses Papier schon vor seiner Geburt existierte. Oder ist es aus dem Nichts gekommen? Nein, nie entsteht etwas aus Nichts. Das Stück Papier ist mit dem Sonnenschein, dem Regen, der Erde, der Papierfabrik, den Arbeiterinnen und Arbeitern in der Fabrik, mit der Nahrung, die sie tagtäglich zu sich nehmen, verbunden und verwoben. Das Papier ist nicht einfach, es *inter-ist* mit all den anderen Dingen. Das Wesen, die Natur des Papiers ist Intersein. Berührst du das Papier, so berührst du alles im Kosmos. Vor seiner Geburt in der Fabrik war das Papier Sonnenschein, es war ein Baum.

Du glaubst vielleicht auch, dass du, als du geboren wurdest, plötzlich Etwas wurdest und dass du davor Nichts warst, dass du plötzlich zu einem Jemand wurdest und davor ein Niemand warst. Doch tatsächlich ist der Moment deiner Geburt im Krankenhaus oder zu Hause einfach ein Moment der Fortdauer, denn es gab dich ja bereits neun Monate lang im Bauch deiner Mutter. Die Angabe des Geburtsdatums auf deiner Geburtsurkunde stimmt also gar nicht, du müsstest sie um neun Monate zurückdatieren.

Jetzt glaubst du möglicherweise, die Wahrheit zu wissen: nämlich dass der Moment deiner Empfängnis der Moment war, an dem du zu existieren begannst. Doch wir sollten auch jetzt ganz genau hinschauen. Warst du denn vor dem Moment der Empfängnis ein Nichts, ein Niemand? Nein! Davor war die eine Hälfte von dir in deinem Vater und die andere war in deiner Mutter, in einer anderen Form. Darum ist selbst der Moment der Empfängnis bereits ein Moment des Fortbestehens.

Stell dir einmal das Meer vor mit seinen vielen Wellen. Diese Wellen sind alle verschieden, einige sind groß, andere klein, einige sind schöner und gewaltiger als andere. Du kannst Wellen in verschiedenster Weise beschreiben, doch wenn du eine Welle berührst, berührst du immer auch etwas anderes – Wasser.

Stell dir nun vor, du wärst eine Welle auf der Oberfläche des Meeres. Beobachte, wie du geschaffen wirst: Du steigst an die Oberfläche, da bleibst du eine Weile und dann kehrst du ins Meer zurück. Irgendwann in diesem Prozess wird dir klar, dass du enden wirst. Doch wenn du weißt, wie du den Grund deines Seins – Wasser – berühren kannst, dann wird all deine Angst verschwinden. Du wirst erkennen, dass du als Welle das Leben des Wassers mit allen anderen Wellen teilst. Das ist die Natur unseres Interseins. Leben wir aber nur das Leben einer Welle und sind wir nicht in der Lage, das Leben des Wassers zu leben, dann werden wir viel Leid erfahren.

Wenn du Geburt als etwas definierst, durch das du aus Nichts zu Etwas geworden bist, dann wurdest du nie geboren. Doch in Wirklichkeit ist jeder Moment ein Moment des Fortbestehens. Du setzt das Leben in neuen Formen fort. Das ist alles.

Wenn eine Wolke zu Regen wird, dann ängstigt sie das nicht, denn obwohl sie weiß, wie wundervoll es ist, als Wolke am Himmel zu schweben, weiß sie auch, dass es ebenso wundervoll ist, als Regen auf die Felder und Meere herabzuprasseln. Darum ist der Moment, in dem eine Wolke zu Regen wird, kein Moment des Todes, sondern der Fortdauer.

Es gibt Menschen, die glauben, dass sie Dinge zunichte machen können. Sie glauben, sie könnten Menschen auslöschen, sie könnten Menschen wie John F. Kennedy, Martin Luther King, Sophie Scholl oder Mahatma Gandhi töten und sie damit für immer zum Verschwinden bringen. Doch tatsächlich wird der Mensch, den du tötest, stärker, als er es zuvor war. Auch diese Buchseite kann nicht zu Nichts werden. Wenn du ein Streichholz an das Papier halten würdest, könntest du sehen, was geschieht: Das Papier wird nicht Nichts; es existiert weiter als Hitze, Asche und Rauch.

Buddha und Mara

Wenn wir darüber sprechen, was ein Buddha ist, müssen wir auch darüber sprechen, was er nicht ist. Das Gegenteil des Buddha ist Mara. Ist der Buddha Erleuchtung, dann muss es auch etwas geben, das nicht Erleuchtung ist. Ist der Buddha Verstehen, dann ist Mara Nichtverstehen oder Missverstehen, und ist der Buddha liebende Güte, dann ist Mara Hass oder Wut und so weiter. Verstehen wir Mara nicht, können wir auch den Buddha nicht verstehen.

So wie eine Rose sich aus Nicht-Rose-Elementen zusammensetzt (zum Beispiel aus Blättern, Blütenstaub, Wasser, Sonne, Erde etc.), besteht der Buddha aus Nicht-Buddha-Elementen und eines dieser Elemente ist Mara. Existiert kein Abfall, dann existiert auch keine Rose. Diese Einsicht ist immens wichtig; sie hat mein Verständnis vom Buddha vollkommen verwandelt.

Wenn du eine Rose anschaust, erscheint sie dir vielleicht rein und schön. Der Abfall dagegen ist nicht schön und er riecht auch nicht besonders gut. Doch wenn du die Rose ganz genau anschaust, wirst du in ihr den Abfall sehen – bevor sie blühte, nachdem sie blühte und auch jetzt, während sie noch blüht. Wie ist das möglich?

Gute Gärtner werfen organische Abfälle nicht weg. Sie wissen, dass daraus in nur wenigen Monaten Kompost wird, der genutzt werden kann, um Salat, Tomaten und Blumen wachsen zu lassen. Gärtner können die Blumen oder das Gemüse bereits im Abfall sehen. Und sie wissen auch, dass alle Blumen zu Abfall werden. Das ist die Bedeutung von Vergänglichkeit oder Unbeständigkeit – alle Blumen müssen zu Abfall werden. Und obwohl Abfall im Allgemeinen stinkt und unangenehm ist, kannst du ihn zurück in Blumen verwandeln, wenn du mit ihm gut umzugehen weißt. Das hat der Buddha als den nichtdualistischen Weg, die Dinge zu betrachten, beschrieben. Wenn du die Dinge auf diese Weise siehst, wirst du verstehen, dass der Abfall zu einer Blume zu werden vermag und die Blume zu Abfall werden kann.

Jedes Mal, wenn du Achtsamkeit übst und achtsam lebst, bist du Buddha. Lebst du in Unachtsamkeit, bist du Mara. Aber glaube nicht, Buddha und Mara wären Feinde, die Tag und Nacht damit zubringen, einander zu bekämpfen. Nein, sie sind Freunde. Hier ist eine Geschichte, die ich geschrieben habe:

Eines Tages hielt sich der Buddha in einer Höhle auf, weil es dort angenehm kühl war. Ananda, sein Begleiter, übte in der Nähe der Höhle Gehmeditation. Damit der Buddha nicht den ganzen Tag lang Gäste empfangen musste, war Ananda bestrebt, die vielen Leute abzufangen, die tagtäglich herkamen, um den Buddha zu besuchen. Bei seiner Gehmeditation sah Ananda in der Ferne auf einmal eine Gestalt. Als sie näher kam, erkannte Ananda Mara.

Mara hatte den Buddha in der Nacht vor seiner Erleuchtung zu verführen versucht. Mara hatte dem Buddha erzählt, aus ihm könne ein Mann mit großer Macht werden – ein Politiker, ein König, ein Präsident, ein Minister oder ein erfolgreicher Geschäftsmann mit viel Geld und schönen Frauen – wenn er nur seine Achtsamkeitspraxis aufgäbe. Mara hatte wirklich alles versucht, den Buddha zu überzeugen, aber es hatte nicht funktioniert.

Ananda fühlte sich beim Anblick Maras sehr unwohl, doch da Mara ihn bereits gesehen hatte, konnte er sich nicht mehr verstecken. Sie grüßten einander. Mara sagte: »Ich möchte den Buddha sehen.« Wenn die Vorstandsvorsitzende einer großen Firma jemanden nicht empfangen möchte, trägt sie ihrer Sekretärin auf zu sagen: »Es tut mir leid. Sie ist in einer Konferenz.« Auch Ananda hätte gern etwas Ähnliches gesagt, doch wusste er, dass das eine Lüge gewesen wäre, und er wollte sich doch in der vierten Richtlinie, nicht zu lügen, üben. So entschloss er sich, Mara das zu sagen, was er auf dem Herzen hatte.

»Mara, warum sollte der Buddha dich treffen? Welchen Sinn hätte das? Erinnerst du dich nicht mehr, dass der Buddha dich unter dem Bodhibaum besiegt hat? Wie kannst du es aushalten, ihn wiederzusehen? Schämst du dich nicht? Warum sollte er dich überhaupt sehen wollen? Du bist schließlich sein Feind!«

Mara ließ sich durch Anandas Worte nicht entmutigen. Er hörte dem jungen Mönch lächelnd zu. Als Ananda zu Ende gesprochen hatte, lachte Mara und fragte: »Hat dein Lehrer wirklich gesagt, er habe Feinde?«

Ananda fühlte sich nun noch unbehaglicher. Es erschien ihm nicht richtig zu sagen, der Buddha habe Feinde, aber er hatte es so ausgesprochen! Der Buddha hatte nie gesagt, dass er Feinde habe. Wenn du nicht Achtsamkeit und Konzentration übst, sagst du vielleicht manchmal Dinge, die gar nicht stimmen, obwohl du es besser weißt. Ananda war verwirrt. Er ging in die Höhle hinein, um dem Buddha Mara anzukündigen, und hoffte sehr, sein Lehrer werde ihm sagen: »Teile ihm mit, dass ich nicht zu Hause bin!« oder »Sag ihm, ich bin in einer Konferenz!«

Zu Anandas Überraschung jedoch lächelte der Buddha und sagte: »Mara! Wie wundervoll! Bitte ihn herein!« Diese Antwort des Buddha verblüffte Ananda. Doch er tat, was der Buddha ihm aufgetragen hatte, und bat Mara einzutreten. Und weißt du, was der Buddha tat? Er umarmte Mara! Das konnte Ananda nun überhaupt nicht verstehen. Dann lud der Buddha Mara ein, sich den besten Platz in der Höhle auszusuchen, um sich dort niederzulassen, und zu seinem geliebten

Schüler gewandt sagte er: »Ananda, würdest du bitte für uns Kräutertee machen?«

Wie du dir sicher vorstellen kannst, war Ananda darüber alles andere als erfreut. Für den Buddha Tee zu bereiten, das war etwas, was er tausende Male am Tag tun könnte, aber was er nicht wollte, war, Tee für Mara zu machen. Doch da der Buddha ihm genau das aufgetragen hatte, konnte er nicht ablehnen.

Der Buddha sah Mara liebevoll an: »Lieber Freund«, sagte er, »wie geht es dir? Ist alles in Ordnung?«

Mara erwiderte: »Nein, es ist nicht alles in Ordnung; vieles ist gar nicht gut. Ich bin es einfach leid, Mara zu sein. Ich möchte jemand ganz anderes sein, jemand wie du. Wo immer du hinkommst, bist du willkommen und die Menschen verbeugen sich vor dir. Du hast viele Mönche und Nonnen, die liebevoll und freundlich wirken und die dir folgen, und du bekommst Opfergaben, zum Beispiel Bananen, Orangen und Kiwis. Überall, wo ich bin«, fuhr Mara fort, »muss ich die Rolle von Mara spielen – ich muss überzeugend und schlüssig reden und mir eine ganze Armee von kleinen, gemeinen Maras halten. Jedes Mal, wenn ich ausatme, muss aus meinen Nasenlöchern schwarzer Rauch entweichen! Doch das wäre alles noch nicht mal so schlimm; was mich aber wirklich nervt, ist, dass meine Schülerinnen und Schüler, die kleinen Maras, angefangen haben, über Verwandlung und Heilung zu sprechen. Ich kann es nicht ertragen, sie über Befreiung und Buddhaschaft reden zu hören. Darum bin ich hergekommen, um dich zu fragen, ob wir nicht die Rollen tauschen können. Du kannst Mara sein und ich werde Buddha sein.«

Als der Ehrwürdige Ananda das hörte, bekam er es so mit der Angst zu tun, dass er glaubte, sein Herz bliebe stehen. Was, wenn der Buddha sich dazu entschließen würde, die Rollen zu tauschen? Dann müsste er,

Ananda, der Diener Maras sein! Ananda hoffte inständig, der Buddha würde ablehnen.

Der Buddha sah Mara ruhig an und lächelte: »Glaubst du, es ist einfach, Buddha zu sein?«, fragte er. »Die Menschen missverstehen mich andauernd und legen mir Worte in den Mund, die ich niemals gesagt habe. Sie bauen Tempel mit Statuen von mir aus Kupfer, Gips, Gold oder sogar Smaragden. Menschen kommen zuhauf und bringen mir Bananen, Orangen, Süßigkeiten und andere Dinge dar. Manchmal tragen sie eine Statue von mir in einer Prozession umher, und ich sehe aus wie ein Betrunkener auf einem Blumenhaufen. Ich mag nicht so eine Art Buddha sein. So viele schädliche Dinge sind in meinem Namen getan worden. Du merkst also, dass ein Buddha zu sein auch sehr schwierig ist. Ein Lehrer oder eine Lehrerin zu sein und den Menschen bei der Übung zu helfen, das ist kein einfacher Job. Ich glaube, du würdest es in Wirklichkeit nicht besonders genießen, ein Buddha zu sein. Es ist besser, wenn wir weiter das tun, was wir tun, und versuchen, das Beste daraus zu machen.«

Wenn du damals bei Ananda gestanden hättest und sehr achtsam gewesen wärst, hättest du vielleicht gemerkt, dass Buddha und Mara Freunde sind. Sie begegnen einander wie Tag und Nacht, wie Blume und Abfall. Dies ist eine sehr tiefgründige Belehrung des Buddha.

Jetzt hast du eine Vorstellung davon, welcher Art die Beziehung zwischen Buddha und Mara ist. Buddha ist wie eine Blume, sehr frisch und schön. Mara ist wie Abfall, stinkend und von Fliegen übersät, und es ist sehr unangenehm, ihn zu berühren. Mara ist überhaupt nicht angenehm, aber wenn du weißt, wie du Mara helfen kannst, sich zu wandeln, wird Mara zu Buddha werden. Und wenn du nicht weißt, wie du dich um den Buddha kümmern kannst, wird Buddha zu Mara werden.

Betrachtest du die Dinge auf diese Weise, erkennst du, dass die Nicht-Rose-Elemente, einschließlich des Abfalls, zusammengekommen sind, um eine Rose zu ermöglichen. Der Buddha ist so etwas wie eine Rose. Doch wenn du tief in den Buddha hineinschaust, siehst du Mara; der Buddha besteht aus Mara-Elementen. Und wenn du diese buddhistische Lehre verstehst, erkennst du, dass alles leer ist, denn nichts besteht nur aus sich selbst heraus, nichts hat seine eigene absolute Existenz. Eine Rose ist aus Nicht-Rose-Elementen gemacht, sie hat also keine abgetrennte, eigenständige Existenz, darum wird sie »leer« genannt. Eine Rose ist leer von einem abgetrennten, eigenständigen Selbst, denn sie besteht immer nur aus Nicht-Rose-Elementen.

Intersein schließt alles ein, nicht nur Buddha und Mara, Rosen und Abfall, sondern auch Leiden und Glück, Gut und Böse. Nimm zum Beispiel das Leiden. Leid ist aus Glück gemacht und Glück aus Leid. Gutes ist aus Bösem gemacht und Böses aus Gutem. Rechtes besteht aus dem Linkem und Linkes aus Rechtem. Dieses braucht jenes, um zu sein. Entfernst du dies, verschwindet jenes. Der Buddha sagte: »Dies ist, weil jenes ist.« Das ist eine sehr besondere, eine sehr wichtige Lehre des Buddhismus.

Die Übung buddhistischer Meditation beginnt damit, dass wir die Rose und den Abfall in uns akzeptieren. Erkennen wir die Rose in uns, sind wir glücklich, doch uns ist gleichzeitig bewusst, dass sie ganz schnell zu Abfall wird, wenn wir uns nicht gut um sie kümmern. Darum lernen wir, wie wir uns gut um die Rose kümmern können, damit sie länger bei uns bleibt. Wird sie aber langsam zu Abfall, macht uns das keine Angst, denn wir wissen, wie wir den Abfall wieder in eine Rose verwandeln können. Wenn du also Kummer empfindest, wirst du durch tiefes Schauen darin auch einen winzigen Samen von Glück und Befreiung entdecken. So findet Verwandlung statt.

Wie Blätter an einem Bananenbaum

Eines Tages betrachtete ich einen jungen Bananenbaum. Er wurde zum Gegenstand meiner Meditation, meiner Achtsamkeit und Konzentration. Es war noch ein ganz junger Baum mit nur drei Blättern. Es gab ein Große-Schwester-Blatt und noch ein zweites Schwester-Blatt. Das dritte und jüngste Blatt war noch ganz eingerollt.

Als ich diese Bananenblätter tief betrachtete, sah ich, dass die große Schwester ihr eigenes Leben zu leben hatte. Sie hatte sich bereits entfaltet, genoss den Sonnenschein und den Regen und war ein sehr schönes Blatt. Sie machte den Eindruck, als kümmerte sie sich nur um sich selbst. Doch wenn man genau hinschaute, konnte man etwas ganz anderes entdecken. Während sie ihr Leben als erstes Blatt genoss, half sie dem zweiten und dritten Blatt und selbst einem vierten, das noch gar nicht sichtbar war, sich aber bereits im Stamm des Bananenbaums gebildet hatte. Sie war damit beschäftigt, den ganzen Bananenbaum zu nähren.

In jeder Minute seines Lebens übte das Große-Schwester-Blatt achtsames Atmen und Lächeln. Es verwandelte die Nährstoffe, die es durch die Wurzeln des Bananenbaumes empfing, in Nahrung für sich selbst. Dann sandte es die Nahrung zum Baum und zu all seinen jüngeren und zukünftigen Schwestern. Die große Schwester lebte ihr eigenes Leben und doch hatte ihr Leben einen Sinn; sie half, die künftigen Generationen zu nähren und aufzuziehen.

Das zweite Blatt tat dasselbe. Es lebte sein eigenes Leben als Blatt voll und ganz, doch es unterwies, nährte und zog seine jüngeren Schwestern auf. Doch wenn du nicht ganz genau hinschaust, erkennst du nicht, dass das erste und das zweite Blatt zur gleichen Zeit dasselbe tun. Und das dritte Blatt wird sich dann im Nu selbst entfalten. Schon bald wird es ein wunderschönes Blatt werden und sich seinerseits um die jüngeren Schwestern kümmern.

Das gilt auch für dich. Indem du dein Leben in schöner Weise lebst, kannst du deine Schwestern, deine Brüder und künftige Generationen nähren. Du hilfst kommenden Generationen nicht, indem du dein Leben opferst, sondern indem du dein Leben voll und ganz und glücklich lebst.

Wenn junge Leute sagen: »Ich muss mein eigenes Leben leben« oder »Das ist mein Körper, und ich kann damit machen, was ich will«, dann stimmt das nicht. Es ist eine falsche Vorstellung. Wir sind nicht voneinander getrennt. Dein Körper ist nicht nur deiner; er gehört auch deinen Vorfahren, deinen Großeltern und deinen Eltern. Er gehört auch deinen Kindern und Enkelkindern, die noch gar nicht geboren, aber schon jetzt in deinem Körper gegenwärtig sind.

Du und deine Eltern, ihr seid *eine* Wirklichkeit. Leiden deine Eltern, leidest auch du. Leidest du, leiden auch deine Eltern. Schauen wir tief, dann erkennen wir ganz deutlich, dass es nur *eine* Wirklichkeit gibt. Schaust du auf diese Weise, erkennst du ganz deutlich, dass Glück etwas Kollektives ist, und du wirst dann nicht mehr länger nur nach deinem eigenen individuellen Glück Ausschau halten. Du wirst sehen, dass wir zusammenarbeiten und einander verstehen müssen

Die zwei Versprechen

Ich schlage jungen Menschen oft vor, zwei Gelübde anzunehmen:

*1. Ich gelobe, Verstehen zu entwickeln,
um friedvoll mit Menschen, Tieren, Pflanzen und
Mineralien zu leben.*

*2. Ich gelobe, Mitgefühl zu entwickeln,
um das Leben von Menschen, Tieren, Pflanzen und
Mineralien zu schützen.*

Um lieben zu können, brauchst du Verstehen, denn Liebe besteht aus Verstehen. Wenn du jemanden nicht verstehst, kannst du ihn oder sie auch nicht lieben. Meditation bedeutet, ganz tief zu schauen, um die Bedürfnisse und Nöte des anderen Menschen zu verstehen. Spürst du, dass du jemanden verstehst, dann spürst du auch, wie Liebe dich durchdringt. Das ist ein wundervolles Gefühl. Wir alle brauchen Verstehen und Liebe.

Menschen tun gern die verschiedensten Dinge. Angenommen deine Freundin möchte nach der Schule Federball spielen, während du gern ein Buch lesen möchtest. Doch weil du deine Freundin glücklich machen willst, legst du das Buch beiseite und gehst mit ihr Federball spielen. Du übst dich im Verstehen, wenn du das tust. Dein Verstehen schenkt deiner Freundin Freude. Wenn du sie glücklich machst, wirst auch du glücklich. Das ist ein Beispiel für die Übung von Verstehen und Liebe.

Stell dir, wann immer du diese beiden Versprechen oder Gelübde rezitierst, diese zwei Fragen: »Habe ich, seitdem ich diese Gelübde abgelegt habe, versucht, etwas über sie zu lernen? Habe ich versucht, sie zu üben?« Ich erwarte nicht, dass du auf diese Fragen mit Ja oder Nein antwortest. Selbst wenn du versucht hast, etwas über sie zu lernen, und versucht hast, sie zu üben, ist das nicht genug. Die beste Antwort auf diese Fragen ist, sich für sie zu öffnen und sie, während du ein- und ausatmest, tief in dich hineinzulassen. Sobald du das tust, werden sie still in dir zu arbeiten beginnen.

Verstehen und Lieben sind die beiden wichtigsten Lehren des Buddha. Wenn wir uns nicht um Offenheit und Verständnis für die Leiden anderer Menschen bemühen, werden wir sie nicht lieben und in Harmonie mit ihnen leben können. Wir sollten auch bestrebt sein, das Leben von Tieren, Pflanzen und Mineralien zu verstehen und zu beschützen, um mit ihnen in Harmonie zu leben. Ohne Verstehen können wir auch nicht lieben. Der Buddha lehrt uns, die Lebewesen mit den Augen der Liebe und des Verstehens zu betrachten. Bitte übe dich in diesen Lehren.

Wolken jagen

Was ist wahres Glück? Wir denken oft, dass wir nicht glücklich sein können, wenn wir nicht das bekommen, was wir wollen. Es gibt Millionen Wege, glücklich zu sein, doch weil wir nicht wissen, wie wir die Tür zum Glück öffnen können, jagen wir hinter den Dingen her, von denen wir glauben, dass wir sie wollen. In Wahrheit aber leidest du umso mehr, je mehr du hinter dem Glück herjagst.

Ich möchte dir eine schöne Geschichte erzählen. Sie handelt von einem kleinen Bach, der vom Gipfel eines Berges herunterfloss. Der Bach war sehr jung, und er wollte das Meer unbedingt so schnell wie möglich erreichen. Doch als er in die Ebene gelangte, verlangsamte er sich und wurde ein Fluss. Ein Fluss aber ist nicht so schnell wie ein junger Bach.

Langsam dahinströmend begann er, die Wolken am Himmel widerzuspiegeln. Es gab so viele verschiedene Wolkenarten in den unterschiedlichsten Formen und Farben. Schon bald verbrachte der Fluss all seine Zeit damit, Wolken zu jagen, einer nach der anderen jagte er hinterher. Doch die Wolken standen nicht still, sie kamen und gingen, und er war hinter ihnen her. Als der Fluss sah, dass keine Wolke bei ihm bleiben wollte, machte ihn das sehr traurig, und er weinte bitterlich.

Eines Tages kam ein starker Wind auf und blies alle Wolken fort. Der Himmel war von einem überwältigenden Blau. Doch weil es nun gar keine Wolken mehr gab, glaubte der Fluss, dass das Leben nicht mehr lebenswert sei. Er wusste nicht, wie er sich am blauen Himmel erfreuen könnte. Für ihn war der Himmel leer, und genauso erschien ihm auch sein Leben, ohne jede Bedeutung.

An diesem Abend war seine Verzweiflung so groß, dass er sterben wollte. Doch wie könnte ein Fluss sterben? Aus Etwas kannst du nicht plötzlich Nichts werden; als Jemand kannst du nicht auf einmal Niemand werden. Die ganze Nacht lang weinte der Fluss und seine Tränen schwappten ans Ufer. Das war das erste Mal, dass er zu sich selbst zurückkehrte. Vorher war er immer vor sich selbst weggelaufen. Statt in sich selbst nach dem Glück zu schauen, hatte er immer im Außen danach gesucht. Zum ersten Mal kehrte er zu sich selbst zurück und lauschte dem Klang seiner Tränen; und er erkannte etwas Verblüffendes: Er erkannte, dass er eigentlich aus Wolken bestand.

Es war seltsam. Er war den Wolken hinterhergejagt, davon überzeugt, ohne Wolken nicht glücklich sein zu können, doch er selbst bestand aus Wolken. Was er gesucht hatte, war bereits in ihm.

So wie dem Fluss, so kann es auch uns mit dem Glück gehen. Wenn du weißt, wie du zum Hier und Jetzt zurückkehren kannst, wirst du erkennen, dass dir die Elemente deines Glücks bereits zur Verfügung stehen. Du musst ihnen nicht mehr hinterherjagen.

Plötzlich bemerkte der Fluss, dass sich auf seiner kühlen, stillen Oberfläche etwas spiegelte. Es war der blaue Himmel. Wie friedvoll, wie frei war dieser blaue Himmel. Dies erfüllte ihn mit Glück. Er konnte zum ersten Mal den Himmel widerspiegeln. Bis dahin hatte er nur die Wolken spiegeln und ihnen nachjagen können. Dabei hatte er die Gegenwart des intensiv blauen Himmels übersehen, der immer für ihn da war. Er hatte nicht gemerkt, dass sein Glück aus der Festigkeit, der Freiheit und dem Raum bestand, der bereits da war. In dieser Nacht geschah eine tiefgreifende Wandlung in ihm, und seine Tränen und sein Schmerz verwandelten sich in Freude und Frieden.

Am nächsten Morgen kam ein Wind auf, und die Wolken kehrten zurück. Nun sah der Fluss, dass er die Wolken spiegeln konnte, ohne sie festhalten zu wollen, mit Gleichmut. Jedes Mal, wenn eine Wolke kam, sagte er: »Hallo, Wolke.« Und wenn die Wolke wieder ging, war er überhaupt nicht traurig und sagte ihr: »Wir sehen uns später wieder.« Er wusste nun, dass Freiheit die Grundlage seines Glücks war. Er hatte gelernt, innezuhalten und nicht mehr zu rennen.

Und dann eines Nachts zeigte sich dem Fluss etwas Wundervolles: Auf seiner Oberfläche spiegelte sich das Bild des Vollmonds. Das machte ihn sehr glücklich. Hand in Hand mit den Wolken und dem Mond setzte er seinen Weg zum Meer fort – aber er war nicht mehr in Eile, das Meer zu erreichen, sondern er freute sich an jedem Moment. Jeder von uns ist ein Fluss.

übungen

Den Buddha in dir berühren

Die wichtigste Botschaft buddhistischer Texte, sie werden »Sutras« genannt, ist, dass wir alle über die Fähigkeit verfügen, ein Buddha zu werden – und diese Fähigkeit besteht darin, zu lieben, zu verstehen und erleuchtet zu sein. Das ist die wichtigste Botschaft aller Sutras.

Die Übung, die ich dir zeigen möchte, wird »Sich an den Buddha erinnern« genannt und sie wird in jeder Schule des Buddhismus gelehrt. Du berührst den Buddha und alle Qualitäten des Buddha in dir selbst, und du weißt, dass der Buddha vollkommen wirklich ist – dass er nicht bloß eine Idee oder eine Vorstellung ist, sondern Wirklichkeit. Unsere Aufgabe, unser Üben, ja unser Leben besteht darin, den Buddha in uns und in den Menschen, die wir lieben, zu nähren.

Vielleicht magst du drei oder vier Minuten bei dieser Übung bleiben, entweder allein oder zusammen mit ein paar Freundinnen oder Freunden. Setz dich still hin, atme ein und aus, um zur Ruhe zu kommen, und frage dann: »Kleiner Buddha, bist du da?« Frage dies sehr tief und ruhig: »Mein kleiner Buddha, bist du da?« Am Anfang hörst du vielleicht noch keine Antwort. Es gibt immer eine Antwort, doch wenn du nicht ruhig genug bist, so hörst du sie vielleicht nicht. »Jemand da? Kleiner Buddha, bist du da?« Und dann wirst du den kleinen Buddha antworten hören: »Ja, meine Liebe, natürlich, ich bin immer für dich da.«

Wenn du das hörst, lächelst du: »Ich weiß, kleiner Buddha, du bist meine Ruhe. Ich weiß, dass du immer da bist, und ich brauche dich, um selbst ruhig zu werden. Ich bin oft nicht so ruhig, wie ich es gern sein möchte. Ich schreie herum, ich handle, als gäbe es keinen Buddha in mir. Doch weil ich weiß, dass du da bist, weiß ich: Ich bin imstande, ruhig zu sein. Danke, kleiner Buddha; ich brauche dich, ich brauche, dass du da bist.« Und der kleine Buddha sagt: »Natürlich bin ich für dich da, die ganze Zeit bin ich das. Komm einfach und besuche mich, wann immer du willst.«

Das ist die Übung, den Buddha in uns zu berühren, und es ist eine sehr wichtige Übung für uns alle.

Ich bin gern mit Kindern zusammen, denn sie sind so frisch. Jedes Mal, wenn ich mit einem Kind an der Hand Gehmeditation mache, dann tut mir diese Frische gut. Ich kann dem Kind meine Stabilität anbieten und von dem Kind empfange ich stets seine Frische. Verlierst du deinen Frieden und deine Freude, dann erinnere dich daran, wie oft du doch in der Vergangenheit voller Frische warst. Und wenn du den Buddha in dir berührst, wird immer mehr von dieser Frische in dir sein.

Du kannst zum inneren Buddha sagen: »Lieber kleiner Buddha, du bist meine Frische. Danke dafür, dass du da bist.«

»Lieber kleiner Buddha, du bist meine Zärtlichkeit.« Wir alle brauchen Zärtlichkeit.

»Lieber kleiner Buddha, du bist meine Achtsamkeit.« Und das stimmt, denn ein Buddha besteht aus der Energie der Achtsamkeit. Achtsam sein bedeutet wissen, was geschieht, und das geht nur, wenn du wirklich da bist, zu hundert Prozent. Wann immer du etwas achtsam tust – ob du ein Glas Saft trinkst oder gehst oder atmest –, du berührst dabei deine eigene Buddhaschaft, deine Buddhanatur.

»Lieber Buddha, du bist mein Verstehen.« Verstehen ist etwas Entscheidendes. Wenn du jemanden nicht verstehst, dann kannst du ihn oder sie auch nicht lieben. Bist du achtsam und bist du dir all dessen bewusst, was in dir und um dich herum geschieht, dann kannst du Menschen und Dinge sehr leicht verstehen. Du kannst also sagen: »Kleiner Buddha, du bist mein Verstehen. Ich brauche dich sehr, denn ich weiß, dass Verstehen die Grundlage der Liebe ist.«

»Lieber kleiner Buddha, du bist meine Fähigkeit zu lieben.« Auch du vermagst zu lieben. Wenn du diese Fähigkeit jeden Tag berührst, wird deine Liebe wachsen und du bist auf einem guten Weg, den inneren Buddha vollkommen zu verwirklichen.

Jedes Mal, wenn du den Buddha besuchst, wird der Buddha in dir stärker werden. Er wird mehr Platz und mehr Luft zum Atmen haben. Während des Tages hast du vielleicht gelitten, du warst vielleicht sehr wütend und dein kleiner Buddha mag am Ersticken sein. Doch jedes Mal, wenn du den inneren Buddha berührst, dann sorgst du für Platz und Luft, und der innere Buddha hat die Chance zu wachsen. Das ist sehr wichtig.

Wenn du dich darin übst, diese Eigenschaften des inneren Buddha zu berühren, so berührst du den wirklichen Buddha, nicht den Buddha aus Gips, Kupfer oder Juwelen. Der Buddha ist keine Statue. Der Buddha ist kein Gott. Der Buddha ist niemand außerhalb von dir, hoch oben im Himmel oder auf einer Bergspitze. Der Buddha ist höchst lebendig, und er lebt in uns.

»Lieber Buddha, es ist sehr tröstlich zu wissen, dass du da bist. Kleiner Buddha, ich brauche dich sehr.« Und der kleine Buddha in dir wird sagen: »Mein Lieber, meine Liebe, auch ich brauche dich. Bitte komm mich öfter besuchen.«

Eine Orange essen

Wenn du eine Orange auf eine ganz tiefe Weise anschaust, wirst du erkennen, dass eine Orange – oder auch jede andere Frucht – nichts anderes als ein Wunder ist. Versuch es einmal. Nimm eine Orange und halte sie in deinen Händen. Atme langsam ein und aus und schau sie so an, als sähest du sie zum ersten Mal.

Wenn du die Orange auf diese Weise anschaust, wirst du viele wundervolle Dinge sehen können: den Sonnenschein, den Regen, der den Orangenbaum wässert, die Orangenblüten, die winzige Frucht, die am Ast erscheint, die von Grün zu Gelb wechselnde Farbe der Frucht und schließlich die ausgewachsene Orange.

Schäl nun langsam die Orange. Rieche den wunderbaren Duft der Orangenschale. Trenn einen Orangenschnitz ab und steck ihn in den Mund. Schmeck den wundervollen Saft.

Der Baum hat drei, vier oder sechs Monate gebraucht, um eine Orange für dich hervorzubringen. Es ist wahrhaft ein Wunder. Jetzt ist die Orange fertig und sie sagt: »Ich bin für dich da.« Doch wenn du nicht gegenwärtig bist, wirst du das gar nicht hören. Wenn du die Orange im gegenwärtigen Moment nicht anschaust, dann ist auch die Orange nicht gegenwärtig. Vollkommen gegenwärtig zu sein, während du eine Orange isst oder ein Eis oder etwas anderes Köstliches, ist eine herrliche Erfahrung.

Achtsames Essen

Achtsam zu essen ist eine tiefgreifende und sehr freudvolle Übung. Wir können vor dem Essen achtsam atmen und das Essen vor uns auf dem Tisch eingehend und tief betrachten. Während wir ein- und ausatmen, können wir den Sonnenschein sehen, das Weizenfeld und die Wolken, die uns die wundervollen Speisen, die wir heute essen, gebracht haben. Vor dem Essen können wir Worte sprechen, die uns helfen, wirklich achtsam für das Essen zu sein und es mehr zu genießen. Dies ist unsere Fassung für junge Leute:

Diese Nahrung ist das Geschenk
des ganzen Universums: der Erde, des Himmels,
des Regens und der Sonne.

Wir danken all den Menschen,
die diese Nahrung hergestellt haben,
besonders den Bauern,
den Verkäuferinnen auf dem Markt
und den Köchen.

Wir nehmen nur so viel auf unseren Teller,
wie wir essen können.

Wir wollen die Nahrung langsam kauen,
damit wir sie genießen können.

Diese Nahrung gibt uns die Energie,
liebevoller und verständnisvoller
sein zu können.

Wir essen diese Nahrung,
um gesund und glücklich zu sein
und uns wie eine Familie
zu lieben.

Einen Baum umarmen

Wenn du einen Baum berührst, empfängst du etwas sehr Schönes und Wohltuendes. Bäume sind wundervoll. Sie sind so stabil, selbst bei Sturm und Unwetter. Wir können von den Bäumen viel lernen.

Finde einen Baum, den du besonders schön findest – vielleicht ist es ein Apfelbaum, eine Eiche oder eine Kiefer. Wenn du einen Baum wirklich berührst, wirst du dessen wundervolle Eigenschaften spüren können. Tiefes Atmen wird dir dabei helfen, den Baum wirklich zu berühren. Berühre beim Einatmen den Baum und atme dann aus. Tu das dreimal. Du wirst dich erfrischt und glücklich fühlen, wenn du den Baum in dieser Weise berührst.

Dann kannst du, wenn du magst, den Baum umarmen. Einen Baum umarmen ist eine wundervolle Übung. Ein Baum lehnt es nie ab, umarmt zu werden. Du kannst dich ganz auf den Baum verlassen. Immer wenn du ihn sehen willst, seinen Schatten brauchst, ist er da für dich.

In Plum Village habe ich drei Zedern gepflanzt. Ich habe sie vor dreißig Jahren gepflanzt, und inzwischen sind sie sehr groß und schön geworden und geben wunderbaren Schatten. Während meiner Gehmeditation halte ich meist vor einem dieser Bäume an. Ich verbeuge mich vor ihm. Das macht mich glücklich. Ich berühre die Rinde mit meiner Wange. Ich rieche den Baum. Ich schaue zu den wunderschönen Nadeln. Ich spüre die Stärke und Frische des Baumes und atme dabei tief ein und aus. Das ist sehr angenehm, und manchmal bleibe ich für eine ganze Weile da stehen und erfreue mich an diesem schönen Baum.

Die Erde berühren

In Plum Village haben wir eine Übung, die wir täglich durchführen und die wir »Die Erde berühren« nennen. Sie ist in vielerlei Weise hilfreich für uns. Auch dir kann diese Übung helfen. Wenn du dich ruhelos und unruhig fühlst und wenig Vertrauen zu dir hast oder wütend oder unglücklich bist, kannst du dich hinknien und die Erde ganz achtsam mit deinen Händen berühren. Berühre die Erde so, als wäre sie das Liebste, was du hast, oder als wäre sie deine beste Freundin, dein bester Freund.

Die Erde ist seit Langem für uns da. Sie ist unser aller Mutter, und sie weiß alles. Der Buddha bat die Erde, seine Zeugin zu sein, als er vor seinem Erwachen Zweifel und Ängste erlebte, und er berührte sie mit seiner Hand. Die Erde war für ihn wie eine wunderschöne Mutter. Sie trug in ihren Armen Blumen und Früchte, Vögel und Schmetterlinge und viele verschiedene Tiere und bot dies alles dem Buddha dar. Daraufhin waren seine Zweifel und Ängste sofort verschwunden.

Wende dich an die Erde und bitte sie um Hilfe, wann immer du dich unglücklich fühlst. Berühre sie so achtsam, wie der Buddha es tat. Und plötzlich wirst auch du die Erde mit all ihren Blumen und Früchten, Bäumen und Vögeln, Tieren und anderen Lebewesen, die sie geschaffen hat, sehen. All diese Dinge bietet sie dir dar.

Es gibt für dich viel mehr Gelegenheiten, glücklich zu sein, als du jemals gedacht hast. Die Erde zeigt dir ihre Liebe und Geduld. Die Erde ist sehr geduldig. Sie sieht, wie du leidest, und sie hilft dir und beschützt dich. Wenn wir sterben, nimmt sie uns zurück in ihre Arme.

Mit der Erde bist du sehr sicher. Sie ist immer da, in all ihren wundervollen Ausdrucksformen wie Blumen, Schmetterlingen und Sonnenschein. Wann immer du müde bist oder dich unglücklich fühlst, ist die Erde berühren eine sehr gute Übung, die dich heilt und dir wieder Freude ermöglicht.

Atemmeditation

Wenn ich einatme, weiß ich, dass ich einatme. Das »ich weiß« ist dabei sehr wichtig. Dein Atem ist die Verbindung zwischen deinem Körper und deinem Geist. Es ist so angenehm, wenn du in Berührung mit dieser Verbindung bist, wenn du in Berührung mit allem in dir bist, mit Körper und Geist. Und du bist sofort in jeder Situation Herr oder Herrin deiner selbst. Du wirst weder von Menschen noch von Dingen, auch nicht von deinen Gedanken, aus der Bahn geworfen. Dein Geist ist vollständig bei deinem Körper, bei deinem ganzen Sein. Wenn du weißt, dass du einatmest oder dass du ausatmest, dann weißt du, was du tust – ob du nun sitzt, stehst oder gehst. Das zu wissen, sich dessen bewusst zu sein, ist sehr wichtig.

Glaube nicht, dass es schwierig ist, buddhistisch zu üben. Es ist nicht schwierig; es ist ganz einfach. Kannst du einatmen und ausatmen und gleichzeitig wissen, dass du einatmest und ausatmest? Einatmen und ausatmen – das ist Achtsamkeit. Übe als Erstes, achtsam für deinen Atem zu sein, dann für deinen Körper, dann für deinen Geist und dann für alles, was dich umgibt.

Bewusstes Atmen ist eine sehr gute Übung. Wenn wir nicht wissen, wie wir achtsam atmen und in unserem Denken innehalten können, dann können wir nicht mit den wunderbaren Dingen des Lebens – wie dem Sonnenschein, den Flüssen, Wolken, unserer Familie und unseren Freundinnen und Freunden – in Berührung kommen. Uns unseres Atems bewusst zu sein ist sehr wichtig.

Achtsames Atmen ist sehr leicht zu üben, und es macht viel Freude. Hier ist ein Vers, den du sagen kannst, wenn du für ein paar Minuten sitzt und auf diese Weise atmest. Sag den ersten Satz beim Einatmen und den zweiten beim Ausatmen. Während du weiteratmest, kannst du auch nur die Schlüsselworte verwenden, das erste beim Einatmen und das zweite beim Ausatmen.

Einatmend weiß ich, dass ich einatme.
Ausatmend weiß ich, dass ich ausatme.
(Ein/Aus)

Einatmend sehe ich mich als Blume.
Ausatmend fühle ich mich frisch.
(Blume/Frisch)

Einatmend sehe ich mich als Berg.
Ausatmend fühle ich mich fest.
(Berg/Fest)

Einatmend sehe ich mich als stilles Wasser.
Ausatmend spiegele ich die Dinge, wie sie sind.
(Wasser/Spiegeln)

Einatmend sehe ich mich als Raum.
Ausatmend fühle ich mich frei.
(Raum/Frei)

Übe als Erstes dreimal »Ein/Aus«: »Einatmend weiß ich, dass ich einatme. Ausatmend weiß ich, dass ich ausatme.« Gehe dann zur Übung »Blume/Frisch« über: »Einatmend sehe ich mich als Blume. Ausatmend fühle ich mich frisch.«

Übe dann »Berg/Fest«. Eine sehr stabile, feste Sitzhaltung dabei ist die Position, bei der man die Beine kreuzt. Kannst du mit gekreuzten Beinen sitzen und still atmen und lächeln, wirst du so stabil und fest sein wie ein Berg und dich werden keine Gefühle, Gedanken oder Winde aus welcher Richtung auch immer hinwegblasen können. »Einatmend sehe ich mich als Berg. Ausatmend fühle ich mich fest.«

Übe als Nächstes »Wasser/Spiegeln«. Wenn du das klare, ruhige Wasser eines Sees betrachtest, wirst du sehen, wie sich der Himmel und die Wolken genauso deutlich im Wasser spiegeln, als würdest du hinaufschauen und Himmel und Wolken direkt betrachten. Hast du das schon einmal so erlebt? »Einatmend sehe ich mich als stilles Wasser. Ausatmend spiegele ich die Dinge, wie sie sind.« Das bedeutet, dass ich die Dinge nicht entstelle und verzerre. Sage nicht: »Ich *fühle mich* wie stilles Wasser.« Sage: »Einatmend *sehe ich mich* als stilles Wasser.« Wir sind Wasser. Wir sind der Berg. Wir sind die Blume. Ich spiegele genau den blauen Himmel wider, den ich sehe. Ich verzerre und entstelle die Dinge nicht, weil ich klar bin, weil ich fest bin und weil ich ruhig bin.

Stilles Wasser ist sehr ruhig. Wenn du ruhig bist, dann spiegelst du die Wirklichkeit gut wider. Wenn du nicht ruhig und still bist, dann nimmst du Dinge falsch wahr und verzerrst sie. Es ist, als sähest du ein Seil und hieltest es für eine Schlange. Weil du nicht friedvoll oder ruhig genug bist, spiegelst du die Wirklichkeit nicht so wider, wie sie ist. Hast du schon mal in einen dieser lustigen Spiegel geschaut, die Bilder verzerren? In solchen Spiegeln kannst du dich kaum wiedererkennen, dein Gesicht ist ganz langgezogen und deine Augen sind riesengroß. Hast du das schon mal erlebt? In Wirklichkeit siehst du nicht so aus.

Der letzte Teil der Übung ist »Raum/Frei«: »Einatmend sehe ich mich als Raum. Ausatmend fühle ich mich frei.« Du fühlst dich wohl, wenn du genügend Raum hast. Du bist glücklicher, wenn die Menschen dir genügend Raum und Freiheit geben. Einatmend siehst du dich als grenzenlosen Raum – als Raum, in dem sich alles frei bewegt, und du kannst atmen. Ohne diesen Raum kannst du nicht atmen oder lächeln.

Wenn du nichts in dir unterdrückst – keinen Hass, keine Wut, keine Verzweiflung, kein Wollen –, dann bist du leer. Als leerer Raum fühlst du dich wunderbar. Sage beim Ausatmen: »Ich fühle mich frei.« »Einatmend sehe ich mich als Raum. Ausatmend fühle ich mich frei.« Versuch es einmal. Die Bilder von Blume, Berg, Wasser und Raum werden dir helfen, dich besser zu konzentrieren, und du wirst dich auf diese Weise erfrischt, fest, ruhig und frei fühlen.

Sitzmeditation

Eine weitere Atemübung, die du während deiner Sitzmeditation machen kannst, ist: »Ein/Aus, Tief/Langsam, Ruhig/Entspannt, Lächeln/Loslassen, Gegenwärtiger Moment/Wundervoller Moment.«

Einatmend weiß ich, dass ich einatme.
Ausatmend weiß ich, dass ich ausatme.

Wenn sich mein Einatmen vertieft,
wird mein Ausatmen langsamer.

Beim Einatmen komme ich zur Ruhe.
Beim Ausatmen bin ich entspannt.

Beim Einatmen lächle ich.
Beim Ausatmen lasse ich los.

Im gegenwärtigen Moment verweilend,
weiß ich, dies ist ein wundervoller Moment.

»Einatmend weiß ich, dass ich einatme. Ausatmend weiß ich, dass ich ausatme.« Das ist der erste Vers. Dann folgt: »Wenn sich mein Einatmen vertieft, wird mein Ausatmen langsamer.« Du erkennst die Eigenschaft deines Atems, wie er jetzt, in diesem Moment ist. Du willst ihn nicht länger oder tiefer machen, du erkennst einfach, wie er ist. Und während du dir deines Atems bewusst bleibst, wirst du bemerken, dass er ganz natürlich tiefer oder langsamer wird. Nach einer Weile gehst du über zu »Ruhig/Entspannt«.

»Beim Einatmen komme ich zur Ruhe. Beim Ausatmen bin ich entspannt.« Entspannt sein ist vergleichbar dem Raum, es ist das Gefühl von Leichtigkeit und Freiheit. Du kannst nicht glücklich sein, wenn du keine Leichtigkeit und Freiheit spürst. Entspannt sein bedeutet, dass du nichts zu ernst nimmst, nichts ist wichtiger als dein Frieden.

»Beim Einatmen lächle ich.« Warum lächelst du? Du lächelst, weil du dich wohl und entspannt fühlst. Und beim Lächeln entspannen sich alle Muskeln in deinem Gesicht. Du wirst unterscheiden können, was wichtig und was unwichtig ist. »Beim Ausatmen lasse ich los.« Du kannst über unwichtige Dinge lachen und sie loslassen. Das ist Loslassen. Loslassen ist die Quelle des Glücks.

»Im gegenwärtigen Moment verweilend, weiß ich, dies ist ein wundervoller Moment.« Du musst dir nur erlauben, im gegenwärtigen Moment zu sein, und du wirst die vielen, vielen Bedingungen des Glücks berühren können.

Die Übung ist einfach. Frieden und Glück sind in einem gewissen Ausmaß da, zusammen mit Schmerz und Kummer. Aber erinnere dich: Wie beim Fernsehen bist du frei, dich zwischen den verschiedenen Kanälen zu entscheiden und dein Programm zu wählen. Du kannst Frieden und Glück wählen.

Blumen arrangieren

Wir arrangieren Blumen, weil wir möchten, dass das Leben schön ist. Wissen wir, wie wir Blumen anordnen, dann wissen wir, wie wir mit uns und mit den Menschen in unserer Umgebung zusammensein können, denn wir alle sind Blumen. Arrangieren wir Blumen, dann arrangieren wir uns.

Für ein Blumenarrangement brauchst du als Erstes eine Blume. Vielleicht gibt es in der Nähe einen Garten oder ein Feld, wo du Blumen pflücken kannst. Wenn du eine Blume pflückst, kannst du ihr zeigen, wie sehr du ihre Existenz, ihre Schönheit wertschätzt, indem du »Danke« sagst und ihr zulächelst. Tu das vor dem Pflücken und nachdem du sie gepflückt hast. Stell sie dann direkt in ein Gefäß mit frischem Wasser, sodass sie sofort genährt wird.

Du glaubst vielleicht, für ein Blumenarrangement bräuchtest du viele Blumen. Doch tatsächlich kannst du selbst ohne Blumen schöne Arrangements machen. Alles, was du dazu brauchst, ist ein abgefallener Zweig, trockene Blätter, ein Stein, eine Feder oder etwas Sand. Dank ihnen allen, wie du der Blume gedankt hast. Setz dich dann hin, um alles zu arrangieren.

Ordne die von dir ausgewählten Dinge so an, dass zwischen ihnen Frieden und Harmonie herrschen. Wenn du währenddessen bewusst atmest und lächelst, wird das Gefühl des Friedens in dir und in dem, was du gerade zusammenstellst, wachsen. Fügst du die verschiedenen Dinge jedoch einfach nur achtlos zusammen, wirst du, wenn du dann einen Schritt zurücktrittst und das Ganze betrachtest, keinen Frieden sehen, weil die verschiedenen Teile einander bekämpfen.

Wenn du Blumen arrangierst, arrangierst du auch den Raum innerhalb und außerhalb der Blumen und der anderen Bestandteile des Gestecks. Der Raum zwischen den Blumen schafft eine Atmosphäre und ein Gefühl der Freiheit in uns und den Herzen der Menschen, die dieses Blumengesteck betrachten.

Blumen arrangieren braucht Zeit. Es gibt keinen Grund, sich zu hetzen. Das würde auch den Sinn und Zweck dieser Übung zunichte machen. Lass dir genügend Zeit und sei während des gesamten Prozesses gegenwärtig. Dann wirst du Schönheit und Raum schaffen, und du und alle anderen können sich daran erfreuen.

Nachdem du die Blumen angeordnet hast, möchtest du dem Gesteck vielleicht einen Namen geben und ihn laut aussprechen. Du kannst auch ein Bild davon malen und darauf den Namen schreiben. Dieses Bild kannst du mir gern nach Plum Village schicken.

Die Kieselstein-
Meditation

Ich habe keine Kreditkarte, kein Geld oder Zigaretten in meiner Tasche. Vielleicht ein Stück Papier, eine kleine Glocke oder etwas Ähnliches. Ich trage aber gern ein paar Kieselsteine mit mir herum. Diese Kieselsteine helfen mir, mich daran zu erinnern, dass wir Menschen als Blumen im Garten der Menschheit geboren wurden. Wenn wir nicht wissen, wie wir unsere Frische und Leichtigkeit bewahren können, leiden wir und haben den Menschen, die wir lieben, nicht genügend Schönheit anzubieten.

Diese Kieselstein-Meditation kommt aus einem Retreat für Kinder, das wir vor über zwanzig Jahren durchgeführt haben. Daran teilgenommen haben über 300 Kinder und ihre Eltern, und gemeinsam haben wir diesen Weg gefunden, um uns an die Frische und die blumengleichen Elemente in allen Menschen zu erinnern.

Nimm einen kleinen Beutel und lege vier Steine hinein, die du draußen gesammelt hast. Du kannst im Kreis mit anderen Kindern oder Familienmitgliedern sitzen, und ein Kind oder ein Erwachsener aus der Familie spielt die Rolle des Glockenmeisters. Zunächst wird die Glocke eingeladen, dreimal zu erklingen, und alle erfreuen sich am Ein- und Ausatmen. Nimm dann die Steine aus dem Beutel und lege sie links neben dich. Greife mit der rechten Hand einen Stein und betrachte ihn. Der erste Stein steht für eine Blume. Er steht auch für deine eigene Frische und Blumennatur.

Leg den Stein in die linke Handfläche und diese Hand dann auf die geöffnete rechte Hand, um mit der Meditation über die Blumennatur zu beginnen.

Einatmend sehe ich mich selbst als Blume.
Ausatmend fühle ich mich frisch.

Das ist keine bloße Vorstellung, denn du *bist* eine Blume im Garten der Menschheit. Sieh dich selbst als Blume. Es ist sehr hilfreich, dabei zu lächeln, denn eine Blume lächelt immer. Atme auf diese Weise dreimal. Leg den Stein danach neben dich auf die rechte Seite.

Nimm dann den zweiten Stein und betrachte ihn. Dieser Stein repräsentiert einen Berg. Ein Berg steht für Festigkeit. Du bist du selbst, du bist stabil, du bist gefestigt. Ohne Festigkeit kannst du nicht wahrhaft glücklich sein. Provokationen, Wut, Angst, Bedauern oder Sorgen würden dich aus der Bahn werfen. Diese Meditation kannst du am besten in einer Sitzhaltung mit gekreuzten Beinen machen, denn im halben oder ganzen Lotossitz ist der Körper sehr stabil und gefestigt. Selbst wenn dann jemand käme und dich stoßen würde, du würdest nicht umfallen. Nachdem du den zweiten Stein in die linke Handfläche gelegt hast und diese Hand dann auf die rechte, meditierst du über den Berg.

Einatmend sehe ich mich als ein Berg.
Ausatmend fühle ich mich fest.

Wiederhole dies dreimal. Wenn du stabil und fest bist, dann schwanken dein Körper und dein Geist nicht mehr.

Der dritte Stein repräsentiert stilles Wasser. Von Zeit zu Zeit kommst du vielleicht zu einem See, wo das Wasser so still ist, dass es genau das widerspiegelt, was da ist. Es ist so still, dass es den blauen Himmel, die weißen Wolken, die Berge und Bäume exakt widerspiegelt. Du kannst ein Foto vom See machen und das Spiegelbild von Himmel und Bergen im Wasser sieht genauso aus wie der Himmel und die Berge selbst. Du bist kein Opfer falscher Wahrnehmungen. Ist dein Geist aber von starken Wünschen, von Wut oder Eifersucht gestört, dann nimmst du die Dinge falsch wahr. Falsche Wahrnehmungen führen zu Wut, Angst und Gewalt und drängen uns, Dinge zu tun oder zu sagen, die zerstörerisch sind. Diese Übung hilft uns, Ruhe und Frieden, wie sie durch das stille Wasser repräsentiert werden, wiederherzustellen.

Einatmend sehe ich mich als stilles Wasser.
Ausatmend spiegle ich die Dinge,
wie sie wirklich sind.

Wiederhole das dreimal. Das ist kein Wunschdenken. Durch achtsames Atmen kannst du deinem Atem, deinem Körper, deinen Gefühlen wirklichen Frieden bringen.

Der vierte Kieselstein steht für Raum und Freiheit. Wenn du in deinem Herzen nicht genügend Raum hast, wird es für dich sehr schwierig sein, dich glücklich zu fühlen. Machst du Blumengestecke, weißt du, dass Blumen Raum brauchen, damit ihre Schönheit ausstrahlen kann. Auch Menschen brauchen ihren Raum. Das Kostbarste, was du einem Menschen, den du liebst, schenken kannst, ist Raum. Und den kannst du nicht im Supermarkt kaufen. Stell dir den Mond auf seiner Himmelsbahn vor. Der Mond hat viel Raum um sich, und der ist Teil seiner Schönheit. Der Buddha wurde von vielen seiner Schülerinnen und Schüler mit dem Vollmond verglichen, der am offenen Himmel entlangzieht.

Einatmend sehe ich mich als Raum.
Ausatmend fühle ich mich frei.

Wiederhole das dreimal. Jeder Mensch braucht Freiheit und Raum für sich. Schenke das deinen Lieben. Du kannst ihnen das Geschenk der Kieselstein-Meditation anbieten, ohne ihnen dabei aber deine Ideen oder Vorgehensweisen aufzuzwingen. Auf diese Weise kannst auch du dazu beitragen, die Sorgen, Ängste und die Wut im Herzen jedes Familienmitglieds zu mindern.

Gehmeditation

Lächle, während du gehst – sei im Hier und Jetzt. Dann kannst du den Ort, an dem du gehst, in ein Paradies verwandeln. Geh langsam. Hetze dich nicht. Jeder Schritt bringt dich zu dem besten Moment deines Lebens: dem gegenwärtigen Moment.

Wenn du während des Gehens den folgenden Vers sagst, wirst du dich noch mehr am Gehen erfreuen können.

Einatmend weiß ich, dass ich einatme.
Ausatmend weiß ich, dass ich ausatme.

Wenn sich mein Einatmen vertieft,
wird mein Ausatmen langsamer.

Beim Einatmen komme ich zur Ruhe.
Beim Ausatmen bin ich entspannt.

Beim Einatmen lächle ich.
Beim Ausatmen lasse ich los.

Im gegenwärtigen Moment verweilend,
weiß ich, dies ist ein wundervoller Moment.

Gehst und atmest du weiter auf diese Weise, kannst du den Vers verkürzen zu: »Ein/Aus, Tief/Langsam, Ruhig/Entspannt, Lächeln/Loslassen, Gegenwärtiger Moment/Wundervoller Moment.«

Ja, danke

»Ja, danke« zu sagen ist eine wundervolle Art der Gehmeditation.

Mache beim Einatmen zwei Schritte und sage: »Ja, ja.« Mache zwei Schritte beim Ausatmen und sage: »Danke, danke.«

Wir alle können uns darin üben, »Ja« zu sagen, denn wir sind manchmal zu sehr daran gewöhnt, »Nein« zu sagen. Lerne, zum blauen Himmel »Ja« zu sagen, zum Sonnenlicht, zu unserem wundervollen Planeten Erde, zu den Vögeln und den Bäumen. So viele wunderbare Dinge und Menschen umgeben uns, zum Beispiel unsere Eltern. Wir können uns glücklich schätzen, den blauen Himmel zu haben, die saubere Lauft, das klare Wasser. Sagen wir »Ja«, erkennen wir an, dass wir uns glücklich schätzen können, und schon das kann uns glücklich machen.

Wenn du »Ja« sagst, bist du voller Dankbarkeit, was etwas sehr Schönes ist. Nimm die Hand deines Vaters, deiner Mutter oder eines Onkels oder einer Tante und übe für fünf Minuten, beim Gehen »Ja, danke« zu empfinden. Danach kannst du wieder rumlaufen und spielen, wenn du möchtest. Ich bin sicher, dass du viel Frieden und Freude erleben wirst, wenn du während dieser fünf Minuten gut übst.

Vier Mantras

Ein Mantra ist eine magische Formel. Jedes Mal, wenn du ein Mantra sprichst, kannst du sofort die jeweilige Situation verwandeln, du musst dafür auf nichts warten. Zuerst lernst du das Mantra, und dann kannst du es zur rechten Zeit anwenden, man sagt auch »rezitieren«, das bedeutet »aufsagen«. Das Mantra kann nur rezitiert werden, wenn du achtsam und konzentriert bist. Sonst funktioniert es nicht, denn ein Mantra ist nicht einfach nur eine Aussage; es ist etwas, das du aussprichst, weil du in Berührung mit der Wirklichkeit selbst bist. Das bedeutet, du musst hundertprozentig da sein, gegenwärtig, damit das, was du sagst, ein wahres Mantra werden kann.

Bevor du also ein Mantra rezitierst, atmest du ein und aus und sagst zu dir: »Einatmend bin ich ruhig. Ausatmend lächle ich. Einatmend bin ich wirklich hier. Ausatmend bin ich wirklich hier.« Wenn du das einige Male getan hast und wirklich spürst, dass du da bist, dann kannst du auf den Menschen, den du liebst, zugehen, ihn achtsam anlächeln und das Mantra sprechen.

DAS ERSTE MANTRA IST: »Schatz, ich bin für dich da.« Wenn du jemanden liebst, möchtest du ihm oder ihr das Beste, was du hast, geben. Und das Beste, was du deinen Lieben geben kannst, ist, dass du wirklich da bist.

Ich kenne einen Jungen, der etwa elf Jahre alt ist. Der Junge war nicht sehr glücklich, und das nicht, weil er so wenige Spielsachen ge habt hätte, sondern weil sein Vater immer beschäftigt war und kaum Zeit zu Hause verbrachte.

Eines Tages sagte sein Vater: »Morgen hast du Geburtstag. Was möchtest du haben? Ich werde es dir kaufen.« Das begeisterte den Jungen nicht besonders. Sein Vater war ein sehr reicher Mann und konnte dem Jungen alles kaufen, was der nur haben wollte. Doch was der Junge sich am meisten wünschte und was er am meisten brauchte, war die Anwesenheit seines Vaters. Ist jemand reich, muss er oder sie oft sehr schwer arbeiten, um reich zu bleiben; das ist das Problem. Sobald du reich bist, kannst du es dir nicht leisten, arm zu sein. So benötigst du all deine Zeit und Energie, um Tag und Nacht zu arbeiten, arbeiten, arbeiten, um weiter reich zu sein. Ich habe viele Leute erlebt wie diesen Vater, der keine Zeit für sein Kind hatte.

Der Junge wusste nicht, was er sagen sollte. Doch er setzte sich eine Weile ruhig hin und dann wusste er es. Er sagte: »Papa, ich weiß, was ich will.«

»Was?«, wollte der Vater wissen. Er dachte, sein Sohn würde sich eine elektrische Eisenbahn oder etwas Ähnliches wünschen. Doch der Junge sagte: »Ich will dich!« Das gilt nicht nur für den Jungen. Was die meisten von uns am dringlichsten wollen, ist die Gegenwart des Menschen, den wir lieben. Als der Vater das hörte, hielt er inne. Er war imstande zu erkennen, dass sein Sohn vor ihm stand und für ihn da war.

DAS ZWEITE MANTRA LAUTET: »Schatz, ich weiß, dass du da bist, und ich bin darüber sehr glücklich.« Dieses Mantra kann man sehr leicht üben. Zu lieben bedeutet, die Anwesenheit des geliebten Menschen anzuerkennen, zu bestätigen und zu sagen, wie glücklich man ist, dass er lebendig und für dich jederzeit erreichbar ist. Du musst dir dafür Zeit nehmen, damit du die Anwesenheit des geliebten Menschen wirklich wahrnehmen kannst. Wenn du zu beschäftigt bist, wie könntest du dann anerkennen, dass die andere Person wirklich da ist?

Um dieses Mantra sagen zu können, musst du hundertprozentig gegenwärtig sein. Bist du es nicht, kannst du die Gegenwart des anderen Menschen nicht bestätigen. Wenn dich jemand liebt, brauchst du dessen Bestätigung, dass du da bist. Ob du nun noch sehr jung oder ob du sehr alt bist, vielleicht achtzig oder sogar hundert Jahre alt, da gibt es keinen Unterschied. Wir brauchen immer die Bestätigung eines anderen Menschen, dass wir da sind. Wir möchten uns von seiner Aufmerksamkeit umarmt fühlen. Wir alle, Kinder und Erwachsene gleichermaßen, brauchen die Umarmung unserer Liebsten durch die Energie der Achtsamkeit.

Wenn du schüchtern bist, kannst du das Mantra zunächst allein in deinem Zimmer üben. Hast du dann genügend Sicherheit gewonnen, kannst du die Tür öffnen und zu den dir liebsten Menschen gehen und es in die Praxis umsetzen. Ich tue dies nicht nur mit Menschen, sondern auch mit dem Mond, dem Morgenstern und der Magnolie.

Vor einigen Jahren war ich in Korea und wohnte in einer protestantischen Bildungseinrichtung. Mein Häuschen dort war umgeben von Magnolien. Es war damals Frühling und die Magnolienblüten waren weiß wie Schnee und sehr schön. Es war wundervoll für mich, zwischen den Magnolienbäumen Gehmeditation zu üben. Ich hielt oft an und betrachtete die einzelnen Blüten genau. Ich lächelte, atmete ein und aus und sagte: »Du Liebe, ich weiß, dass du da bist, und ich bin darüber sehr glücklich«, und dann verbeugte ich mich vor der Blüte. Ich war sehr glücklich und ich dachte, dass wohl auch die Magnolie glücklich sein müsste, denn wenn Menschen deine Gegenwart anerkennen und schätzen, dann spürst du, dass du etwas wert bist. Die Magnolien waren für mich sehr, sehr kostbar.

Manchmal betrachte ich voller Achtsamkeit den Vollmond, ich atme ein und aus und spreche zum Vollmond das Mantra: »Vollmond, schöner Vollmond, ich weiß, dass du da bist, und ich bin darüber sehr glücklich.« In solchen Momenten bin ich wirklich glücklich. Ich bin ein freier Mensch und nicht von Sorgen, Ängsten oder irgendwelchen Vorhaben geplagt. Weil ich frei bin, bin ich ich selbst. Ich habe Zeit und Gelegenheit, die mich umgebenden Wunder des Lebens zu berühren.

DAS DRITTE MANTRA SPRICHST DU, wenn du siehst, dass der Mensch, den du liebst, leidet. Es lautet: »Schatz, ich weiß, dass du leidest; deshalb bin ich für dich da.« Der dir liebste Mensch weint vielleicht oder sieht, auch ohne dass er weint, sehr unglücklich aus. Achtsamkeit hilft dir zu merken, dass irgendetwas nicht in Ordnung ist. In dem Moment, in dem du merkst, dass jemand, den du liebst, leidet, musst du in wirklich tiefer Weise üben, hundertprozentig da zu sein. Dann kannst du zu diesem Menschen gehen und das dritte Mantra sagen: »Schatz, ich weiß, dass du leidest; deshalb bin ich für dich da.«

Wenn es dir schlecht geht, möchtest du, dass der Mensch, den du liebst, von deinem Schmerz weiß, das ist sehr menschlich, sehr natürlich. Wenn du leidest, aber der Mensch, den du liebst, davon nichts mitbekommt oder ahnt, dann leidest du noch mehr. Es erleichtert uns sehr, wenn unsere Lieben unseren Schmerz erkennen. Jedes Mal, wenn du siehst, dass dein Bruder oder deine Schwester leidet, jedes Mal, wenn du siehst, dass ein Freund, eine Freundin, deine Mutter oder dein Vater weint, kannst du das dritte Mantra sagen. Das wird denen, die du liebst, eine große Unterstützung sein.

Das dritte Mantra muss man anwenden, wenn der Mensch, den man liebt, leidet. Das vierte Mantra hingegen solltest du anwenden, wenn du selbst leidest und glaubst, dass der Mensch, den du am meisten von allen liebst, deinen Kummer verursacht hat. Und deswegen scheint das vierte Mantra zunächst schwieriger zu sein. Durch Übung wird es leichter.

DAS VIERTE MANTRA LAUTET: »Schatz, ich leide, bitte hilf mir.« Hat der Mensch, den du liebst, etwas Verletzendes gesagt oder getan, dann schmerzt dich das sehr. Hätte ein anderer so etwas zu dir gesagt oder dir angetan, würde es dir viel weniger ausmachen. Doch jetzt handelt es sich um den Menschen, den du von allen auf der Welt am meisten liebst, und darum kannst du es nicht ertragen. Du leidest hundert Mal mehr.

Bei dem vierten Mantra musst du zu diesem Menschen, zu genau diesem Menschen gehen, zu dem Menschen, den du so liebst und der dich so verletzt hat, und du musst das vierte Mantra aussprechen. Im Allgemeinen willst du allein sein, wenn du glaubst, dass dir von diesem Menschen Leid zugefügt wurde. Du willst die Tür zu deinem Zimmer zuschließen und alleine weinen. Du willst ihn nicht sehen. Du willst auch nicht mit ihm sprechen oder von ihm angefasst werden. »Lass mich in Ruhe!«, sagst du. Das ist ganz normal. Selbst wenn der andere auf dich zukommt und sich mit dir vertragen will, wirst du vielleicht noch voller Wut sein. »Fass mich nicht an. Lass mich in Ruhe. Ich will dich nicht sehen oder mit dir zusammen sein.« Das sind die tatsächlichen Gefühle in einem solchen Moment. Sehr schwierig. Ich glaube, dass jeder von uns diese Erfahrung schon einmal gemacht hat.

Doch es ist möglich, das vierte Mantra anzuwenden. Geh zu ihm oder ihr, atme tief ein und aus. Werde du selbst, zu hundert Prozent, öffne den Mund und sage aus vollem Herzen, mit all deiner Konzentration, dass du leidest und Hilfe brauchst. Dein Stolz wurde tief verletzt.

Darum ist das vierte Mantra so wichtig. Um es aber anwenden zu können, müssen wir eine Weile damit üben.

Wenn du dich verletzt fühlst, bist du dir meist ganz sicher, dass dein Leid von dem geliebten Menschen verursacht wurde, von dem, der dich verletzt hat. Doch vielleicht irrst du dich ja. Vielleicht hat dieser Mensch ja gar nichts getan oder gesagt, um dich zu verletzen, sondern aus seinem eigenen Leid heraus gehandelt. Vielleicht hast du das Ganze aber auch falsch wahrgenommen. Eine falsche Wahrnehmung kann zu großem Leid führen. Und wir alle nehmen tagtäglich Dinge falsch wahr. Darum sollten wir uns auch jedes Mal, wenn wir etwas mit den Sinnen erfassen, die Frage stellen: »Bin ich mir sicher, dass meine Wahrnehmung richtig ist?« Wir müssen uns das fragen, um ganz sicher zu gehen.

Wenn wir die sinkende Sonne anschauen, freuen wir uns an dem farbenprächtigen Sonnenuntergang, und wir sind uns sicher, dass die Sonne noch nicht verschwunden ist. Doch ein Wissenschaftler könnte uns sagen, dass die Sonne bereits vor acht Minuten untergegangen ist. Die Sonne, die wir sehen, ist nur das Bild der Sonne vor acht Minuten. Und der Wissenschaftler sagt uns die Wahrheit, denn das Bild der Sonne braucht aufgrund der Lichtgeschwindigkeit acht Minuten, um uns zu erreichen. Doch wir sind uns eigentlich sicher, dass wir den Sonnenuntergang im gegenwärtigen Moment sehen. Das ist nur eine unserer falschen Wahrnehmungen. Wir unterliegen in unserem täglichen Leben Tausenden solcher falschen Wahrnehmungen. Und so kann es gut sein, dass unser Gegenüber uns gar nichts Verletzendes sagen oder antun wollte.

Beim nächsten Mal, wenn du davon überzeugt bist, dass dein Leid von dem Menschen, den du am meisten liebst, verursacht wurde, wirst du bereits für dich das vierte Mantra geübt haben, um es dann in der

Situation aussprechen zu können. Du musst dich *jetzt* darin üben, um dich auf diese Zeit vorzubereiten, sodass du dann das vierte Mantra in der entsprechenden Situation anwenden kannst. Mache Gehmeditation, Sitzmeditation und atme achtsam ein und aus, um dich in die Lage zu versetzen, zu ihm oder ihr gehen und das Mantra sagen zu können: »Schatz, ich leide so sehr. Du bist der Mensch, den ich am liebsten habe. Bitte hilf mir.« Tu das ohne Stolz. Wenn du zulässt, dass sich zwischen dich und die andere Person Stolz schiebt, bedeutet das, dass deine Liebe noch nicht ganz wahrhaftig ist; denn in wahrer Liebe gibt es keinen Platz für Stolz. Spürst du Stolz, weißt du, dass du weiter üben musst, um deine Liebe in wahre Liebe zu verwandeln.

Der Atemraum

In jedem Haushalt sollte es ein Zimmer als Atemraum geben oder zumindest sollte es in einem Zimmer eine Ecke geben, die für diesen Zweck genutzt werden kann. Du kannst dort einen niedrigen Tisch hinstellen mit einer Blume und einer kleinen Glocke und genügend Sitzkissen für alle Familienmitglieder bereitlegen.

Wenn du dich nicht wohlfühlst, wenn du traurig oder wütend bist, kannst du in dieses Zimmer gehen, die Tür hinter dir schließen, dich hinsetzen, den Klang der Glocke einladen und achtsam atmen. Hast du auf diese Weise für zehn oder fünfzehn Minuten geatmet, wirst du dich bereits etwas besser fühlen. Wenn du nicht auf diese Weise vorgehst, wirst du wohl manchmal die Beherrschung verlieren. Dann schreist du vielleicht herum oder fängst einen Streit an und löst damit in der Familie einen heftigen Sturm aus.

Einmal im Sommer in Plum Village fragte ich einen Jungen: »Mein Kind, wenn dein Vater ärgerlich spricht, kennst du dann eine Möglichkeit, wie du ihm helfen kannst?« Der Junge schüttelte den Kopf: »Ich weiß nicht, was ich dann tun soll. Ich bekomme Angst und versuche wegzulaufen.« Wenn Kinder nach Plum Village kommen, können sie dort etwas über den Atemraum erfahren, damit sie ihren Eltern helfen können, wenn diese wütend werden. Ich sagte dem Jungen: »Du kannst deine Eltern in deinen Atemraum einladen, damit sie gemeinsam mit dir atmen.«

Darüber muss sich eine Familie im Voraus verständigen. Sind alle in guter Stimmung, ist das eine günstige Gelegenheit, deinen Vater und deine Mutter zu bitten, eine Vereinbarung miteinander zu treffen. Du könntest sagen: »Mama, Papa, ihr seid manchmal wütend und sagt dann Dinge, mit denen ihr einander wehtut. Das macht mir Angst. Erlaubt ihr mir, wenn dies das nächste Mal geschieht, in den Atemraum zu gehen und die Glocke einzuladen, die euch daran erinnert, so zu atmen, wie es uns unser Lehrer in Plum Village gesagt hat?« Wenn sich deine Eltern in der Situation gerade wohl und glücklich fühlen, werden sie schnell bereit sein, dem zuzustimmen: »Natürlich, mein Kind, wenn du nächstes Mal siehst, dass wir nicht einer Meinung sind und uns nicht verstehen, dann hast du das Recht, in den Atemraum zu gehen und die Glocke einzuladen. Das wird uns daran erinnern, gemeinsam zu atmen, sodass nicht die ganze Familie wegen uns leiden muss.«

Als Kind bist du noch sehr frisch. Deine Frische kannst du nutzen, um deinen Eltern zu helfen. Du kannst zu deiner Mutter sagen: »Mama, wann immer Papa aus Wut heraus etwas sagt, das dich verletzt, solltest du mir in den Atemraum folgen. Dort können wir zusammen atmen, statt dass du dich mit Vater streitest. Was meinst du?« Wenn deine Mutter dir zustimmt, dann kannst du, sobald dein Vater unfreundliche

Worte zu ihr sagt, zu ihr gehen, sie bei der Hand nehmen und sagen: »Lass uns in den Atemraum gehen, Mama.« Sieht der Vater das, wird er aufwachen. Er wird seine Frau und sein Kind bewundern, weil die wissen, wie man in schwierigen Situationen übt. Du kannst das auch mit deinem Vater so machen. Wann immer deine Mutter etwas Unfreundliches sagt, sodass dein Vater die Beherrschung zu verlieren droht, kannst du ihn an die Hand nehmen und ruhig sagen: »Papa, sei nicht wütend. Lass uns beide in den Atemraum gehen.«

Wenn du erst einmal dort bist, dienen dir der Klang der Glocke und der Buddha als Schutz. Alle Familienmitglieder können eine Vereinbarung unterzeichnen, die lautet: »Hören wir den Klang der Glocke im Atemraum, so ist es die Stimme des Buddha, der uns ruft, und jeder von uns wird innehalten und atmen. Niemand wird danach noch schreien.« Die ganze Familie kann sich gemeinsam verpflichten, beim Klang der Glocke innezuhalten und zu atmen. Das wird »Vereinbarung für ein Zusammenleben in Frieden und Freude« genannt. Wir schlagen jeder Familie, die nach Plum Village kommt, vor, eine solche Vereinbarung miteinander abzuschließen. Wenn ihr diese Übungsmethode zu Hause umsetzt, werdet ihr schon nach drei Monaten feststellen, dass die Atmosphäre in eurer Familie sehr viel angenehmer geworden ist. Die Wunden in unseren Herzen werden allmählich heilen.

Der Kuchen im Kühlschrank

Konntet ihr in eurer Familie noch keine Glocke kaufen oder einen Atemraum zu Hause einrichten, dann tut auch ein Kuchen gute Dienste. Es ist ein ganz besonderer Kuchen, den ich den Kindern, die nach Plum Village kommen, übergebe und den sie dann mit nach Hause nehmen und dort damit üben können. Dieser Kuchen besteht nicht aus Mehl und Zucker wie gewöhnliche Kuchen. Du kannst fortwährend von ihm essen, er geht nie zu Ende. Er wird »Der Kuchen im Kühlschrank« genannt.

Du wirst vielleicht eines Tages mitbekommen, dass deine Eltern sehr wütend aufeinander sind. Sobald du spürst, dass die Atmosphäre schwer und ungemütlich wird, kannst du diese Übung anwenden, um die Har monie in der Familie wieder herzustellen. Zunächst atmest du dreimal ein und aus, um genügend Mut aufzubringen, dann schaust du deine Mutter an und sagt: »Mama, Mama.« Deine Mutter wird dich fragen, was du sagen willst, und du wirst antworten: »Ich erinnere mich, dass wir im Kühlschrank einen Kuchen haben.« Ob im Kühlschrank tatsächlich ein Kuchen steht oder nicht, spielt dabei keine Rolle. Du willst mit diesem Satz deinen Eltern helfen, sich nicht mehr zu streiten.

Der Satz »Im Kühlschrank ist ein Kuchen« bedeutet: »Mutti, Vati, hört auf, euch gegenseitig Leid zuzufügen.« Wenn deine Eltern diese Worte hören, werden sie verstehen. Deine Mutter wird zu dir sagen: »Stimmt ja! Willst du schon mal nach draußen gehen und für das Picknick ein paar Stühle um den Tisch stellen, während ich Kuchen und Tee hole?« Diese Worte deiner Mutter zeigen dir, dass ihr einen Ausweg aus der gefährlichen Situation gefunden habt. Du kannst schon mal nach draußen gehen und auf deine Mutter warten. Sie hat nun eine Möglichkeit gefunden, sich aus dem Streit mit ihrem Mann zurückzuziehen. Bevor du sie so angesprochen hast, hätte sie kaum aufstehen und das Zimmer verlassen können, das wäre sehr unhöflich gewesen und hätte möglicherweise deinen Vater noch wütender gemacht. Jetzt kann deine Mutter in die Küche gehen. Wenn sie den Kühlschrank öffnet und den Kuchen herausnimmt und das Wasser kocht, um Tee zu machen, kann sie dabei ihrem Atem folgen, wie sie es in Plum Village gelernt hat. Gibt es im Kühlschrank gar keinen Kuchen, musst du dich nicht sorgen. Deine Mutter ist sehr geschickt und einfallsreich, und sie wird sicherlich etwas anderes als Ersatz für den Kuchen finden. Bei ihren Vorbereitungen kann sie ein Halb-Lächeln entstehen lassen, um sich in Körper und Geist leichter zu fühlen.

Dein Vater, der unterdessen allein im Wohnzimmer sitzt, wird nun erkennen, dass seine Frau und sein Kind gerade das üben und anwenden, was sie in Plum Village gelernt haben. Er wird denken: »Wenn ich nicht auch übe, wird das komisch aussehen. Es wirkt dann so, als erinnerte ich mich nicht daran, was wir zusammen gelernt haben.« Er wird dann auch damit beginnen, achtsam zu atmen. Allmählich wird er sich beruhigen und wieder Zuneigung für seine Frau und sein Kind empfinden. Nachdem Tee und Kuchen auf dem Tisch stehen, geht er vielleicht langsam nach draußen auf die Terrasse, um sich der Tee-Party anzuschließen, die nun in einer angenehmen, verständnisvollen Atmosphäre stattfinden kann. Zögert der Vater damit, herauszukommen, kannst du zurück ins Wohnzimmer laufen, seine Hand nehmen, sie an deine Wange legen und ihm gut zureden: »Vater, hast du mich lieb? Bitte, komm doch und trinke Tee und iss Kuchen mit uns.«

Auf diese Weise bringst du Plum Village in dein Zuhause und euer Familienleben wird friedvoller werden.

Die Glocke einladen

Es gab eine Zeit, in der das Telefon noch nicht erfunden war, und Menschen, die weit voneinander entfernt lebten, konnten nicht miteinander reden. Die Erfindung des Telefons war wie ein Wunder. Heute haben wir uns so an das Telefon gewöhnt, dass wir gar nicht mehr merken, wie großartig es ist. Doch es ist wirklich eine großartige Erfindung. Jedes Mal, wenn wir telefonieren und die Stimme eines weit entfernt lebenden lieben Menschen hören, kann uns das sehr glücklich machen.

Die Glocke ist eine Art Telefon, denn dem Klang der Glocke zu lauschen ist, als hörten wir die Stimme eines uns sehr lieben Menschen. Der Klang der Glocke ist die Stimme des Buddha, die uns nach Hause ruft, uns daran erinnert, mehr mit uns und der Welt in Frieden zu sein. Ganz aufmerksam lauschen wir dieser Stimme. Der Glocke lauschen kann wundervoll sein und uns großen Frieden und viel Freude schenken. Es kann uns zurück zu unserem wahren Zuhause bringen.

Waren wir lange Zeit von unserem wahren Zuhause entfernt, möchten wir so gern dorthin zurückkehren. In unserem wahren Zuhause fühlen wir Frieden. Wir spüren, dass wir nirgends mehr hinrennen müssen und dass wir keine Probleme haben. Wir können ganz entspannt und wir selbst sein. Es ist wunderbar, dass du so bist, wie du bist. Du bist bereits das, was du werden willst. Du musst nicht ein anderer oder etwas anderes sein.

Schau dir den Apfelbaum an. Es ist für den Apfelbaum wunderbar, einfach ein Apfelbaum zu sein. Er muss gar nichts anderes werden. Es ist wunderbar, dass ich ich selbst bin, dass du du selbst bist. Wir müssen nur zulassen, wir selbst zu sein, und uns an uns, so wie wir sind, erfreuen. Dieses Empfinden, dieses Erkennen ist unser wahres Zuhause. Jeder von uns hat im Inneren ein wahres Zuhause.

Unser wahres Zuhause spricht zu uns, Tag und Nacht, mit einer sehr klaren Stimme. Es sendet uns fortwährend Wellen der Liebe und Anteilnahme, doch erreichen sie uns nicht, weil wir so beschäftigt sind. Wenn wir aber den Klang der Glocke hören, erinnern wir uns daran, dass die Glocke uns helfen will, zu unserem wahren Zuhause zurückzukehren, und wir lassen alles sein, was wir in dem Moment tun – Reden, Denken, Spielen, Singen, mit Freundinnen und Freunden beisammen sein und sogar das Meditieren! Wir lassen alles sein und kehren zu unserem wahren Zuhause zurück.

Wenn wir dem Klang der Glocke lauschen, dann reden oder denken wir nicht oder tun irgendetwas, denn wir lauschen der Stimme eines Menschen, den wir sehr lieben und respektieren. Steh einfach ruhig da und lausche mit ganzem Herzen. Ertönen drei Klänge, so lausche und atme auf diese Weise die ganze Zeit über. Du kannst, während du dich konzentrierst, zu dir sagen: »Einatmend geht es mir gut; ausatmend fühle ich mich glücklich.« Sich glücklich fühlen ist sehr wichtig. Welchen Sinn machen achtsames Atmen und Üben, wenn du dich nicht wohlfühlst, wenn du dich nicht glücklich fühlst? Es ist unser tiefster Wunsch, glücklich zu sein und den Menschen und anderen Wesen, mit denen wir leben, Glück zu bringen.

Vielleicht möchtest du selbst auch die Glocke einladen. Das macht man so: Nimm als Erstes die Glocke von dem Glockenkissen herunter und nutze deine Handfläche als Kissen. Es sieht sehr schön aus, wenn die Glocke in deiner offenen Hand liegt, wie eine Chrysantheme oder eine

Lotosblume mit fünf Blütenblättern. Unsere Hand ist die Lotosblume und die Glocke ist ein kostbares Juwel im Lotos. Wir können ihn anschauen und sagen: »O, Juwel im Lotos.« In Sanskrit heißt das: »*Om mani padme hum.*«

Halte die Glocke vor dir, schau sie an und lächle. Atme dann dreimal ein und aus, während du still den folgenden Vers rezitierst:

Körper, Rede und Geist
in vollkommener Einheit.
Mein Herz begleitet den Klang der Glocke.
Mögen alle, die diesen Klang hören,
aus der Unachtsamkeit erwachen
und ihre Ängste und Sorgen
überwinden.

Es ist in Ordnung, wenn du den Vers vielleicht auch einmal vergisst, wenn du die Glocke einlädst, doch tu dein Bestes, dich an ihn zu erinnern. Rezitiere beim Einatmen die erste Zeile:

Körper, Rede und Geist
in vollkommener Einheit.

Das bedeutet, du konzentrierst dich.

Rezitiere beim Ausatmen die zweite Zeile:

Mein Herz begleitet den Klang der Glocke.

Das bedeutet, dass du deine Liebe in die Welt sendest.

Rezitiere beim nächsten Einatmen:

Mögen alle, die diesen Klang hören,
aus der Unachtsamkeit erwachen

Unachtsamkeit ist das Gegenteil von Achtsamkeit, und der Klang der Glocke hilft uns, achtsam zu sein. Hören wir so die Stimme des Buddha, kehren wir in den gegenwärtigen Moment zurück.

Beim nächsten Ausatmen rezitiere:

und ihre Ängste und Sorgen
überwinden.

Du wirst dich sehr viel besser fühlen, nachdem du auf diese Weise ein- und ausgeatmet und den Vers rezitiert hast; dein Geist und dein Körper sind nun vereint; du bist konzentriert und du hast den großartigen Wunsch, dass alle, die diese Glocke hören, keine Ängste, Sorgen und keine Wut mehr verspüren und ihr Atmen und ihr Lächeln genießen mögen.

Jetzt bist du bereit dazu, die Glocke zum Klang einzuladen. Wenn wir die Glocke einladen, erzeugen wir als Erstes einen Aufweck-Klang, um sowohl die Glocke als auch alle Anwesenden auf den folgenden Klang der Glocke vorzubereiten, damit sie nicht davon überrascht werden. Wir tun das, indem wir mit dem Holzschlägel, dem »Glockeneinlader«, die Glocke leicht berühren und ihn dort ruhen lassen, während wir einatmen; das wird »die Glocke aufwecken« oder einen »halben Glockenklang machen« genannt. Alle halten in ihrem Denken und Reden inne und bereiten sich vor, den vollen Klang der Glocke zu empfangen.

Zwischen dem Aufweck-Klang der Glocke und dem vollen Klang liegt ein Atemzug. Du atmest also ein und aus, in Erwartung des vollen Klangs, und lädst dann die Glocke ein, voll zu erklingen. Wir sagen: »Wir laden die Glocke ein zu erklingen« statt »die Glocke schlagen«, denn wir wollen uns der Glocke gegenüber freundlich und nicht gewalttätig verhalten.

Die Menschen, die dem Klang der Glocke lauschen, rezitieren still den folgenden Vers:

Horch, horch,
dieser wundervolle Klang
bringt mich zurück
zu meinem wahren Zuhause.

»Horch, horch« bedeutet, dass wir beim Einatmen mit unserer ganzen Konzentration lauschen. Beim Ausatmen lächeln wir und sagen: »Dieser wundervolle Klang bringt mich zurück zu meinem wahren Zuhause.« Und wir lauschen dem Klang der Glocke, der Stimme des Buddha in uns. Sie fordert uns auf, zu unserem wahren Zuhause, einem Ort des Friedens, der Toleranz und Liebe zurückzukehren.

Ich bin angekommen

Ich bin angekommen,
ich bin zu Hause
im Hier
und im Jetzt.
Ich bin angekommen,
ich bin zu Hause
im Hier
und im Jetzt.
Ich bin fest,
ich bin frei.
Ich bin fest,
ich bin frei.
Im reinen Land
verweile ich.
Im reinen Land
verweile ich.

Ich bin an-ge-kom men, ich bin zu Hau - se, im Hier und im Jetzt. Ich bin fest, ich bin frei, ich bin fest, ich bin frei. Im Rei-nen Land ver-wei-le ich. Im Rei-nen Land ver-wei-le ich.

Text: Thich Nhat Hanh; Melodie: Plum Village

Mit diesem einfachen Lied können wir uns daran erinnern, in den gegenwärtigen Moment zurückzukehren und all das zu genießen, was er uns schenkt. Wenn wir aufmerksam dafür sind, werden wir in jeder Situation etwas Schönes entdecken, selbst wenn wir im ersten Moment vielleicht meinen, es gäbe nichts Schönes darin. Das Reine Land oder das Reich Gottes liegt nicht in der Ferne, wir können es hier und jetzt betreten.

Auf der nächsten Seite findest du das Lieblingslied vieler Kinder und Erwachsener in Plum Village: »Ich atme ein, ich atme aus«.

Ich atme ein, ich atme aus

Ich at-me ein, ich at-me aus. Ich at-me ein, ich at-me

aus. Und ich blü-he wie die Blu-me. Ich bin frisch wie der

Tau. Ruhig und stark wie die Ber-ge, wie die Er - de so

fest. Ich bin frei. Ich at-me ein, ich at-me aus. Ich at-me

ein, ich at-me aus. Ich bin Was-ser, das spie-gelt, was

wirk-lich ist und wahr. Und tief in mei-nem In-nern, da ist

wei ter, wei-ter Raum. Ich bin frei, ich bin frei, ich bin frei!

über Thich Nhat Hanh

Thich Nhat Hanh ist ein zen-buddhistischer Mönch, Friedensstifter, Dichter, Schriftsteller und ein sehr geschätzter Lehrer. 1926 in Vietnam geboren, wurde er mit sechzehn Jahren Novize. Von seinen Freunden, Schülerinnen und Schülern wird er liebevoll Thây genannt – das ist das vietnamesische Wort für Lehrer.

Thich Nhat Hanh kam während des Vietnamkriegs in die USA, um ein Ende der Kämpfe zu erreichen und allen beteiligten Ländern Frieden zu ermöglichen. Er lebt jetzt in Plum Village, einer Gemeinschaft von Mönchen, Nonnen und Laien im Südwesten Frankreichs. Jedes Jahr bereist Thây viele Länder der Welt, um Meditationskurse zu leiten und Vorträge über die Praxis der Achtsamkeit zu halten.

Alte Steingebäude, Gärten, Orchideen, Sonnenblumenfelder und wundervolle Lotosteiche heißen die Besucherinnen und Besucher in Plum Village willkommen. Menschen aus aller Welt kommen dorthin, um achtsames Gehen, Essen, Sitzen, Atmen und Meditieren zu üben. Während des jährlich stattfindenden Sommerretreats widmet Thây den ersten Teil seiner Vorträge jungen Menschen. Er lädt außerdem Kinder ein, an den vielen vergnüglichen achtsamen Aktivitäten, die in Plum Village angeboten werden, teilzunehmen, zum Beispiel Kieselstein-Meditation, Singen, Basteln und Theaterspielen. Seiner tiefen Liebe für Kinder entstammt dieses Buch.

Das Europäische Institut für Angewandten Buddhismus (EIAB) in Wald-bröl bei Köln ist ein Zentrum unter der Federführung von Thich Nhat Hanh, in dem Menschen in vielen Kursen und Seminaren konkrete Möglichkeiten erlernen können, um mit sich und anderen in Glück und Frieden zusammenzuleben und um Leid zu erkennen, zu verwandeln und zu heilen. Regelmäßig finden dort Kurse für Familien, Paare, Eltern und für junge Leute statt.

Europäisches Institut für Angewandten Buddhismus (EIAB)
Schaumburgweg 3, D-51545 Waldbröl
Tel. 02291/90 71 373
www.eiab.eu, info@eiab.eu

Plum Village
13 Martineau, 33580 Dieulivol, Frankreich
www.plumvillage.org